中华经典
精粹解读

庄　子

赵　明　彭海涛 编著

中华书局

图书在版编目(CIP)数据

庄子/赵明,彭海涛编著. —北京:中华书局,2011.9
(2016.2重印)
(中华经典精粹解读)
ISBN 978 - 7 - 101 - 08158 - 9

Ⅰ.庄…　Ⅱ.①赵…②彭…　Ⅲ.①道家②庄子 -
注释③庄子 - 译文　Ⅳ.B223.5

中国版本图书馆 CIP 数据核字(2011)第 169937 号

书　　名	庄　子
编 著 者	赵　明　彭海涛
丛 书 名	中华经典精粹解读
责任编辑	彭玉珊　吴麒麟
出版发行	中华书局
	(北京市丰台区太平桥西里38号　100073)
	http://www.zhbc.com.cn
	E-mail:zhbc@zhbc.com.cn
印　　刷	北京市白帆印务有限公司
版　　次	2011 年 9 月北京第 1 版
	2016 年 2 月北京第 3 次印刷
规　　格	开本/880×1230 毫米　1/32
	印张 6⅜　插页 2　字数 100 千字
印　　数	10001 - 12000 册
国际书号	ISBN 978 - 7 - 101 - 08158 - 9
定　　价	12.00 元

中华经典精粹解读

出版说明

在快节奏的现代生活中，如何在有限的时间里读到中国传统文化中最经典的著作？怎样才能尽快领略到经典的核心要义，减少在茫茫书海中不得要领的辛苦？"中华经典精粹解读"丛书正是为适应当代读者需求而特别编写的国学经典普及丛书。

丛书"精粹"二字体现在两个方面：一是所选典籍均为中国传统文化中最具代表性的著作，二是所选文段均为经典中的精华部分。

原文后附"扩展阅读"，是参照原文选段，从其他经典著作中选摘出的内容、思想与本段相关的语段，以使读者获得比较阅读的乐趣，视野得以开阔，思路得以拓宽，从而更加全面深入地理解选文。

段末"点评"，是在充分尊重前人思想成果的基础上，从当代人的视角出发，对文段精髓加以讨论解读，以唤起读者更多的思索和体悟。

原文选段及扩展阅读选段之后，辅以侧重语词解释的注释和串讲文意的译文，不作繁琐考证，以助理解；生僻字词均加注汉语拼音，以利诵读。

本套丛书选用中华书局出版的权威版本作为底本，由富有研究成果的专家学者协力遴选篇章、撰写导言及点评，在此对专家学者们"撷取务精、注释务准"的专业精神表示由衷谢意。

藉由此书，我们愿为古典文学爱好者以及有兴趣了解经典的读者奉上可参考的常备读本。希望我们的努力可以为传统经典贴近当代读者、当代读者走近传统经典助力。

中华书局编辑部

2011 年 9 月

目 录

创新超越的学习方法

卓立世俗的情操情怀

妙趣横生的尖锐批判

导　言

　　在中国文化史上，出现过这样一位巨人：他既是深邃哲学星空中耀眼的一颗明星，又是瑰丽艺术园地里的一朵奇葩。这"明星"和"奇葩"，就是具有哲人与诗人双重身份的庄子。

　　庄子（约前369～前286），名周，战国中期宋国蒙（今河南商丘）人。他生活在一个既辉煌又纷乱的时代，这个特殊的时代，加上他渊博的学识、丰富的阅历、敏锐的观察以及独特的个性，成就了他"追求我心最大自由"的人生道路和价值追求。所以，他宁愿在漆园（地名）做个形同隐居的小吏，也不肯接受楚威王的重聘，去担当宰相一类的大任。庄子曾说过：他不愿当一只死了的神龟，被盛装供奉，而宁可拖着尾巴在泥巴里自由地爬行；他也不愿当牺牛，生前被细心供养，宰杀后被披上锦绣，抬到太庙里，他宁可当一头任性奔走的野牛。由于有这样的价值守望，他长期在讲学、论道、著书中过着游心自然、适情顺性的生活，终生不肯与统治者合作，以至过着"衣弊履穿"、"困窘织屦，槁项黄馘"这样艰难的生活。但是，在哲学与艺术、求道与审美这些方面，他却取得了巨匠和大师的成就，对中国文化的发展作出了巨大的贡献。

　　作为哲学巨匠，庄子是老子的继承者，先秦道家思想理论的集大成者。庄子与老子共同完成了道家学派的学术理论建构，它与以孔子、孟子为代表的儒家学派各树一帜，成为影响中国传统文化演进和发展的两大宗派。在中国文化建立起"光辉起点"的春秋战国时代，在"处士横议""百家争鸣"的思想氛围中，紧握"天人"（天人关系）机枢，标举"仁学"与"道论"的儒家和道家，在社会与自然、群体与个体的关系中，各自把握了一端，既相互对立，又相互补充，两家思想渗透并积淀在中国文化的众多领域与各个层面。相对而言，以"仁"为旗帜的儒家思想更多地渗透到政治秩序和伦理规范方面；而奉"道"为圭臬的道家思想则更多地积淀在哲学思维和艺术审美方面。

道家学派内部，在"道"为本体和"道法自然"这两个最根本的问题上，庄子与老子之间虽表现出明显的继承关系，但庄学又以《逍遥游》《齐物论》等为代表，为其个性鲜明的独创性哲学"别开一宗"，其基本特征与老学并不相同。形象地说，老子的"道"，属于一种宇宙本体论的"冷哲学"；庄子的"道"，则属于一种人本体论的"热哲学"。在老子那里，自然无为的"道"，是高悬在人之上的一种客观的、外在的存在，即如他所说："有物混成，先天地生。"这个"道"的宇宙论的建立，虽然意在从宇宙根源这个最高处来确定人类行为的标准和榜样，依循"道法自然"而省悟人所应该具有的诸如无为、不争、虚静、谦退之类的德性，但是，老子的"道"毕竟是一个"独立而不改"的外在于人的存在，人需要经过自己向这个外在的"道"的观察和认识，以取得人生行为的依据；而庄子却通过消解物我对立的"逍遥游"和"齐物论"哲学，把老子"独立不改"、外在于人的"道"，内化为一种人格心灵的境界。所谓"天地与我并生，而万物与我为一"（《齐物论》）、"独与天地精神往来"（《天下》）等等，都充分证明庄子的哲学在强调人与宇宙相通（天人合一）的整体性和对应性的同时，特别要求扩大人的内在生命。从这一点上可以说，庄子的"道"属于人本体论的"热哲学"。简言之，老庄的区别在于：老子以"道"为体，以社会政治为用，他的"无为而无不为"的道术，是一套立足于王权的治国管理之术，历代封建统治者都从中吸取谋略，老子的道术，完全是用世的哲学；而庄子"逍遥游"和"齐物论"的哲学，则是一种追求心灵自由，拓展精神空间，不以实用功利为目的，而以思辨和审美为旨趣的人格心灵哲学。以思辨和审美为基本特征的魏晋玄学，实际就是由庄子启其端绪，进而又延续影响于禅宗。玄学与禅宗，对中古及其后文人的精神与心态，都有不容忽视的作用。在庄学到魏晋玄学再到禅宗这条线索上，庄子对中国封建士大夫知识分子人格心灵、思维模式、审美心理等方面的影响，都远在老子之上。中国古代包括陶渊明、李白、苏轼、汤显祖、曹雪芹等在内的大诗人和大作家，几乎无一不受到庄子的启发和影响。

作为哲学家的庄子还是当之无愧的艺术大师，是一位才华谲奇、想象超拔、情感奔放的大文学家。一部寻幽探奥的哲学著作，充满了激情、想象和千变万化的形象，这就是《庄子》。《庄子》三十三篇，除《天下》可作为先秦学术史著作看待外，其他三十二篇，每篇的不同主旨都是借助一系列形象生动的寓言故事加以表达的，这就使得《庄子》一书不仅情理互动，而且以形见理，在全书理论思维的线索上缀满了形象的花结。作为哲学巨匠和艺术大师，庄子论道，每每把得"道"的境界和艺术境界结合得浑然一体，天衣无缝。在很多人都熟悉的"庖丁解牛"的故事中，庄子所描述的庖丁解牛的全过程，就是极高超的艺术活动过程，庖丁所说的那种由"技"入"道"和"技"中见"道"的体验，就是一种只有艺术家而非普通人才能得到的高级经验。在《庄子》这里，在举凡论"道"的寓言故事中（"痀偻承蜩""梓庆为鐻""蹈水之道"等），都有高超的技艺活动。"道"和"艺"的关系可以说是相互依存、不可分割的："艺"赋予"道"以形象和生命，"道"给予"艺"以深度和灵魂（宗白华《中国艺术境界之诞生》）。这就是庄子给中国艺术精神或中国艺术境界提供的示范。

还应该特别指出的是，庄子是极富诗人气质的哲学家，在他的哲学中，充满了诗意式的人生追求，因而，庄子又被看作是广义的诗人。

庄子不仅有思想家的"冷眼"，而且有诗人的"热肠"。"冷眼"使他始终保持了清醒的批判精神，因此他比常人更多地看到了当时社会的"无道"，天下的"沉浊"，人世间的丑恶，也比他那个时代所有的思想家，都更尖锐地击中了封建文明中那些"神圣的丑恶""绚丽的卑鄙""热烈的冷酷""习惯性的伪善"，他对人类所陷入的"人为物役"——人被自己所造成的财富、权势、野心、贪欲所主宰和支配的"异化"困境和"非美的生存状态"发出过无数慨叹，表现出极大的不安和忧虑；"热肠"则使他总是从"诗意地栖居""精神的畅适""个性的逍遥""审美的生存"这些角度来思考人的价值和意义。

为此，他在与"人为物役"的现实进行抗争的同时，又为渴望自由的人类心灵营造了一个"逍遥游"的境界。《逍遥游》所展示的生命自由、精神解放的境界，与"人为物役"的现实形成鲜明对照，那些得道而游，摆脱了世俗功名利禄的羁绊束缚，超越生死存亡之外的"至人""神人""圣人"形象，那些"无何有之乡""圹埌之野""四海之外""六极之外"的奇境，都是立足于"人为物役"的现实而产生的一种人生体验和社会感受的幻化，是一种对人类"诗意地栖居"的憧憬，"审美的生存"的追求。因而，这种对"人为物役"的"非美的生存现实"的诗意的超越，也就使庄子的思想充满了"诗意的光辉"。

诗意与诗性，还特别表现在庄子"与天为徒""天人合一"的哲学中。在庄子眼里，"道"的真谛就显现在"天地之美"、自然之美中：自然界不仅以其无限丰富性和深邃性成为美的化身、自由的象征和道的体现，而且，人的生命也化入自然之浩瀚流衍，达到与自然融通相与的境界。所以，"独与天地精神往来"的庄子，他的生命和精神就在自然山水中徜徉，"钓于濮水""与惠子游于濠梁之上"（《秋水》），"游于雕陵之樊"（《山木》），在"得乎至美而游乎至乐"（《知北游》）中，进入了人与自然默然两契的境界，发出了"山林与！皋壤与！使我欣欣然而乐与！"（《知北游》）的怡畅之情，把对人生、生命的深深眷恋，借助于对自然的赞美而传递出来，而他对自然的深情呼唤，也得到了自然的深切呼应。你可以看到，畅游于自然的庄子，就是"诗意地栖居""审美的生存"，完全是个诗人的庄子。而诗人的庄子，则把天地万物当成生命的存在，并把自己的生命移植给它们，在哲人而兼诗人的庄子这里，东方古老的"天人合一"的观念，通过他在"齐物论"哲学中对（宇宙）自然本体与人本体同化为一的思考，表达为富有诗意的"天地与我并生，而万物与我为一"的名言，于是，通过庄子式的"坐忘""吾丧我"的悟性方式，在以道观物和"独与天地精神往来"中，便能臻至人与自然的融洽，达到物我之际的突破，庄子与惠施游于濠梁之上"知鱼之乐"、庄周梦蝶"不知周之梦为胡蝶与，胡蝶之梦为周与"的情境，都是在以道观物，接通天人物我之间内在的或精神的渠道的过程中，获得了"与物有宜""与物为春"的应会感应。这时，摆脱物累的自由心灵就会与浩瀚流衍的自然之道契合，在一种虚静澄明的精神状态中，把握宇宙生命的律动，妙悟自然的底蕴与人生的真谛。正是在这里，庄子发现了人与自然之间存在着一种同构关系，所以他把天地万物当成有生命的存在，并把自己的生命移植给它们。

因而，也正是在这里，已经蕴含了"此中有真意，欲辨已忘言"（陶渊明）、"相看两不厌，只有敬亭山"（李白）、"好雨知时节，当春乃发生"（杜甫）那种天人合一，睿智深情，人融于物，情蕴于境的诗意。内涵丰富、诗性智慧的庄子哲学开创了把自然物视为有生命的存在和将生命植入于自然的传统，后世许多诗人为进入一种思与道合、神与物游的创作状态，不能不像苏轼所说，"逍遥齐物追庄周"（《送文与可出守陵州》）。这个被历代诗人追攀的庄周，难道不是大诗人吗？

庄子是一位哲学家，但他是一位思考人类"诗意地栖居""审美的生存"的大哲人，所以，他必然又是大艺术家和大诗人。

《汉书·艺文志》著录"《庄子》五十一篇"。自汉至魏晋，《庄子》注本有多种，刘安、司马彪、崔譔、徐邈、李轨、向秀、郭象等都注过《庄子》，而仅有郭象注本传世，即今通行的《庄子》一书。郭象本《庄子》分"内篇""外篇""杂篇"三部分，其中"内篇"七篇、"外篇"十五篇、"杂篇"十一篇，共三十三篇，庄子自称"寓言十九"，其书理论线索上缀满了富有想象力和哲理性的寓言故事。历代学者对《庄子》三十三篇的作者做了许多考辨工作，较为普遍的看法是："内篇""外篇""杂篇"是集结于不同时期而成的。"内篇"是庄周本人所著，最早集结起来，"外篇"为庄子门人或后学收集未编入集中的庄周文章及其门人的著作，"杂篇"是《庄子》内外篇流传之后，有人补辑认为是庄子或庄子学派的文章附于其后。尽管当前学术界对《庄子》内、外、杂篇作者的问题还存在着一些歧见，但是，研究者已经基本认同这样一个事实：《庄子》一书是辑录了以庄子为中心的原创理论而又包括其门人后学某些发展变化思想在内的庄子学派的一部文集，庄子本人无疑就是《庄子》一书的主笔。

庄子哲学弘肆精微，正论奇想，范无畛际，文章虚实相杂，庄谐并用，历来被视为奇人奇书。对于《庄子》这样一部书进行"选粹"，既要取舍得当，从选篇中能够基本见出庄子独特的思想与风格，同时又要有可读性、趣味性、时代性，并从中吸取有益的智慧。为此，这本书在体例上依类选篇，通过梳理内容和标示题目使读者便于阅读和把握。每篇选文后，缀以"注释""今译"，并根据选文的主旨配以相关的古文选段作为"扩展阅读"，为的是让读者对《庄子》能够有更深层次的理解和感悟。在每篇的最后，作者精心撰写了"点评"，意在评论《庄子》选段及"扩展阅读"的意蕴，力求联系实际，有所创新。

本书中，《庄子》选文、注释、译文及点评由赵明编写，"扩展阅读"部分及点评的修订工作由彭海涛完成。谨此说明。

睿智谲奇的
哲学沉思

河神与海神的哲学对话

秋水时至，百川灌河。泾流之大^①，两涘渚崖之间^②，不辨牛马。于是焉河伯欣然自喜^③，以天下之美为尽在己。顺流而东行，至于北海，东面而视，不见水端。于是焉河伯始旋其面目^④，望洋向若而叹曰^⑤："野语有之曰'闻道百^⑥，以为莫己若'者，我之谓也。且夫我尝闻少仲尼之闻而轻伯夷之义者，始吾弗信；今我睹子之难穷也，吾非至于子之门则殆矣，吾长见笑于大方之家^⑦。"

北海若曰："井蛙不可以语于海者，拘于虚也^⑧；夏虫不可以语于冰者，笃于时也^⑨；曲士不可以语于道者^⑩，束于教也。今尔出于崖涘，观于大海，乃知尔丑，尔将可与语大理矣^⑪。天下之水，莫大于海；万川归之，不知何时止而不盈，尾闾泄之^⑫，不知何时已而不虚；春秋不变，水旱不知^⑬。此其过江河之流，不可为量数。而吾未尝以此自多者，自以比形于天地^⑭，而受气于阴阳，吾在于天地之间，犹小石小木之在大山也。方存乎见少，又奚以自多！计四海之在天地之间也，不似礨空之在大泽乎⑮？计中国之在海内⑯，不似稊米之在大仓乎⑰？号物之数谓之万，人处一焉⑱。人卒九州⑲，谷食之所生，舟车之所通，人处一焉。此其比万物也，不似豪末之在于马体乎⑳？五帝之所连㉑，三王之所争，仁人之所忧，任士之所劳，尽此矣！伯夷辞之以为名，仲尼语之以为博，此其自多也，不似尔向之自多于水乎㉒？"

（节选自《秋水》）

【注释】

①泾（jīng）流：水流的主干。

②两涘（sì）：两岸。　渚（zhǔ）崖：水洲边。

③河伯：古代神话传说中的黄河之神。

④始旋其面目：指转变得意的面容。

⑤望洋：仰视远方的样子。　若：海神，即下文之"北海若"。

⑥闻道百：听到了很多道理。

⑦大方：大道。

⑧虚：同"墟"，指处所。

⑨笃于时：拘限于时。

⑩曲士：见识偏曲之人。

⑪大理：大道。

⑫尾闾（lǘ）：传说中泄海水的地方。

⑬春秋不变，水旱不知：春秋水量不见改变，旱涝水量不见增减。

⑭比形：寄形。比，通"庇"，寄寓，寄化。

⑮礨（lěi）空：小孔，指蚁穴。

⑯中国：指中国古代九州。　海内：四海之内，四海之外还有更广阔地域。

⑰稊（tí）米：稊的果实，与谷子相似。稊，形似稗的草。大仓：储粮的大库。

⑱人处一焉：这里指与万物相对的人类整体，下文"人处一焉"，则指人类中的个体。

⑲人卒：人聚。卒，通"萃"。

⑳豪：通"毫"。

㉑连：接续，这里指禅让君位。

㉒向：方才。

【译文】

　　秋汛应时到来，百川之水都汇流到黄河。主流河道变得极为宽阔，两岸及河中水洲之间，连牛马的形状都分辨不清了。这景象令黄河之神洋洋自得，以为普天下的盛美都集中在这里。他顺着河流向东而去，抵于北海，向东方纵目瞭望，竟看不见大海的边际。这时河神方收敛起洋洋自得的笑容，仰望海神而感叹说："俗话说'听了许许多多道理，便以为天下的人再没有谁能同自己相比'，这话说的正是我啊。而且我还曾听说有人小瞧孔子的见识和轻视伯夷的义行，起初我不相信；如今我看见您这样浩淼无涯，博大深邃，倘若我不是来到您的门口，可就太危险了，我就要永远被晓悟大道的人所取笑了。"

北海之神说："井底的蛤蟆之所以不能对它谈论大海，因为它拘囿于自己狭小的天地里；夏季的虫子之所以不能跟它谈论冰雪，因为它受到生存时间的限制；孤陋寡闻的书生之所以不能跟他谈论大道，因为他所受的片面教育桎梏了他的思维。现在你从河岸下走了出来，看到了浩淼无涯的大海，才认识到自己的渺小鄙陋，这才可以跟你谈论大道。天下的水，没有比海更大的；千万条河川都流归这里，不知什么时候才停歇，可大海却不盈满，海水从尾闾排漏出去，不知道什么时候停歇，而大海从未虚竭。无论春季还是秋季，它的水量始终没有变化；不管洪涝还是大旱，对它都没有影响。它的容量远远超过江河的流量，已经不能用数量来计算。但我从未因此而自傲，我自认为从天地运化中具有了形体，从阴阳交感中秉受了生气，自己在天地之间的位置，就如同小石头、小树木在大山上一样。我总是思量自己见识太小，又怎么敢自满自夸呢！计算一下四海存在于天地之间，不就像蚁穴在大泽里一样吗？计算一下九州存在于四海之内，不就像小米粒在大粮仓里一样吗？物类名称的数目有万类之多，而人类只是其中的一类；人群聚居于九州，庄稼谷粮生长之地，舟船车马通达之处，个人又只是人类中的一份子罢了。将个人和万物比起来，不就像一根毫毛长在马的身上一样吗？五帝所禅让的，三王所争夺的，仁人所忧虑的，贤士所操劳的，全都是这毫毛般的东西罢了！（对这种东西）伯夷辞让它以获取名声，孔丘谈论它以显示渊博，这都是他们自满自夸，不正像你刚才因河水涨溢而自以为无人可比一样吗？"

扩展阅读

夫道者，覆天载地，廓四方①，柝八极②，高不可际，深不可测；包裹天地，禀授无形③；原流泉浡④，冲而徐盈⑤；混混滑滑，浊而徐清。故植之而塞于天地，横之而弥于四海⑥，施之无穷，而无所朝夕；舒之幎于六合⑦，卷之不盈于一握。约而能张，幽而能明，弱而能强，柔而能刚，横四维而含阴阳⑧，纮宇宙而章三光⑨。甚淖而滒⑩，甚纤而微。山以之高，渊以之深，兽以之走，鸟以之飞，日月以之明，星历以之行，麟以之游，凤以之翔。

（《淮南子·原道训》）

【注释】

①廓：拓展。

②柝（tuò）：通"拓"，开拓。　八极：八方极远之地。

③禀授：给予。

④浡（bó）：涌出。

⑤冲：平和虚缓。

⑥弥：覆盖。

⑦幎（mì）：同"幂"，覆盖物体的巾或幔；此处指覆盖。

　六合：指上下和四方，泛指天地或宇宙。

⑧四维：四方。

⑨纮：通"宏"，宏大。　三光：日、月、星。

⑩淖（nào）：柔和。　滒（gē）：黏稠。

【译文】

　　道，覆盖天承载地，拓展至四面八方，高到不可触顶，深至无法测底；包裹着天地，无形中萌育万物；像泉水从源头处渤涌出来，开始时虚缓，慢慢地盈满；滚滚奔流，逐渐由浊变清。所以，它竖直起来能充塞天地，横躺下去能充斥四方，施用不尽而无盛衰的变化；它舒展开来能覆盖天地四方，收缩卷起却又不满一把。它既能收缩又能舒展，既能幽暗又能明亮，既能柔弱又能刚强，它横通四维而含蕴阴阳，维系宇宙而彰显日月星辰。它既柔靡又纤微。因此，山凭藉它才高耸，渊凭藉它才深邃，兽凭藉它才奔走，鸟凭藉它才飞翔，日月凭藉它才光亮，星辰凭藉它才运行，麒麟凭藉它才出游，凤凰凭藉它才翱翔。

点 评

　　庄子极汪洋恣肆之奇的文章被誉为如"海波连天，浪花无际"（刘凤苞《南华雪心编》），他的思想和哲学也具有一种涵江负海之气，《秋水》中河海气象的描写以及河神与海神的对话，充分显示了庄子哲学博大、深邃的视野和境界。

　　秋汛时，百川汇流到黄河，出现了河宽水阔，"两涘渚崖之间，不辨牛马"的情景，这情景让河伯"欣然自喜"，以为普天下的盛美都集中在这里。但是，当它洋洋自得，顺流而行，进入海域时，却因"东面而视，不见水端"不由望洋而兴叹，在与海的对比中发现了自己的封闭和局限。由此，引起了海神若与河伯的长篇哲学对话，把读者的视野和思考引入一个时空无穷、万物流变、认知无涯的世界，揭示出一切"自美""自多"的表现是多么愚昧和可笑。

　　庄子巧譬妙喻，善于将纷然杂陈的自然现象和社会现象联系起来观察和思考，特别是《秋水》中把海的气象与有关时空无穷性、万物流变性的哲学思考联系起来时，庄子的深邃思想和超越精神就找到了一种形象而生动的表达方式。

　　大海意象和人类精神的超越追求有某种相似性。黑格尔在《历史哲学》中曾精彩地讲到大海和人类精神的联系：

　　大海给了我们茫茫无定、浩浩无际和渺渺无限的观念：人类在大海的无限里感到他自己的有限的时候，他们就被激起了勇气，要去超越那有限的一切。

《秋水》篇中的海神若，其实代表的就是道家中涵盖万物、承载天地的"道"。这种"道"，在《淮南子·原道训》中被形象化，使它在人们的心目中变得高大，更让其存在的意义和价值得到升华。

南郭子綦谈“天籁”

南郭子綦隐机而坐①，仰天而嘘，苔焉似丧其耦②。颜成子游立侍乎前③，曰：“何居乎④？形固可使如槁木⑤，而心固可使如死灰乎？今之隐机者，非昔之隐机者也。”

子綦曰：“偃，不亦善乎，而问之也⑥！今者吾丧我，汝知之乎？女闻人籁而未闻地籁⑦，女闻地籁而未闻天籁夫⑧？”

子游曰：“敢问其方。”

子綦曰：“夫大块噫气⑨，其名为风。是惟无作，作则万窍怒呺⑩。而独不闻之翏翏乎⑪？山林（陵）之畏佳⑫，大木百围之窍穴，似鼻，似口，似耳，似枅，似圈，似臼、似洼者，似污者⑬。激者、謞者、叱者、吸者、叫者、譹者、宎者、咬者⑭。前者唱于而随者唱喁⑮，泠风则小和⑯，飘风则大和⑰，厉风济则众窍为虚⑱。而独不见之调调之刁刁乎⑲？”

子游曰：“地籁则众窍是已，人籁则比竹是已⑳，敢问天籁？”

子綦曰：“夫天籁者，吹万不同，而使其自己也^㉑。咸其自取，怒者其谁邪^㉒？"

（节选自《齐物论》）

【注释】

①南郭子綦（qí）：楚人名，居住城郭南端，因以为号。
　隐机：倚椅，机为靠椅，似床，可靠背而坐卧。

②荅（tà）焉：木然，形体死寂的样子。　似丧其耦：意指精神或心灵活动超越于形躯的牵制，而达到独立自由的境界。耦，通"偶"，匹对，指与精神相对的躯体。

③颜成子游：南郭子綦弟子，复姓颜成，名偃，字子游。

④何居：何故。

⑤槁木：干枯的枝木。

⑥而：同"尔"，汝。

⑦女：通"汝"。　籁（lài）：泛指从孔穴发出的声响。人籁，即指人吹奏各种乐器所发出的乐音。地籁，即指大地上风吹各种孔穴所发出的声响。

⑧天籁：指万物因其自然之性或自身状态而自鸣。

⑨大块：指大地。 噫气：吐气。

⑩呺（háo）：通"号"，吼叫。

⑪翏翏（liú）：通"飂飂"，悠长而响亮的风声。

⑫畏佳（cuī）：通"嵬崔"，山陵高峻的样子。

⑬"似鼻"八句：形容各种窍穴的形状。枅（jī），柱上方木。圈，杯圈。臼，舂臼。污者，指泥坑、水塘之类。

⑭激者：指湍激的水流声。 謞（xiāo）者：指羽箭发射的声音。 譹（háo）者：指号哭声。 宎者：指欢笑声，宎即"笑"之讹字。 咬者：指悲切之声。

⑮唱于、唱喁：呼唱于喁。于、喁，象声词，犹"舆谓""邪许"，多人举重时所同时喊出的号子声。

⑯泠（líng）风：小风，徐来之风。

⑰飘风：大风，疾风。

⑱厉风：暴风。 济：止。

⑲调调（tiáo）、刁刁：形容风吹草木摇曳的样子。"调调"是树枝大动，"刁刁"是树叶微动。

⑳比竹：指多支竹管并列而制成的乐器，如笙、竽之类。已：通"矣"。

㉑使其自己也，咸其自取：意指使众窍发出千差万别的声音，乃是各个窍孔的自然状态所取。

㉒怒者其谁邪：意指万窍怒号，并非另有发动者，而是自然而然，此即天籁。怒，激荡，指发动。

【译文】

　　南郭子綦凭靠躺椅而坐，仰首向天缓缓地呼吸，那木然的样子好像精神脱离了躯体，进入了超越自我的境界。他的弟子颜成子游侍立在他的身前，问道："怎么了？真可以使躯体像干枯的枝木，使心灵像熄灭的灰烬吗？您今天凭椅而坐的神情和以往凭椅而坐的神情太不相同了！"

子綦回答说："偃，你问得正是地方！刚才我已经没有了自己，从而摒弃了'自我'的偏执，你知道吗？你听过'人籁'的音响，还没有听见过'地籁'的音响吧？或许你听见过'地籁'的音响，却没有听过'天籁'的音响吧？"

子游说："学生冒昧请问这其中的究竟。"

子綦说："大地吐发出来的气，它的名字就叫做风。它要么不发作，一发作千千万万的孔窍便都会怒吼起来。你难道没有听过长风呼啸的声音吗？那崇山峻岭，高大盘回的地方，百围大树上的不同窍穴，有的像鼻孔，有的像嘴巴，有的像耳朵，有的像方木，有的像杯圈，有的像舂臼，有的像深池，有的像浅洼。那发出的万种声响，有的像湍流激荡的声音，有的像羽箭发射的声音，有的像大声叱呵，有的像轻轻抽吸，有的像放声呼叫，有的像痛哭嚎啕，有的像欢歌笑语，有的像哀切感叹。真是此呼彼应，犹如协奏，前面的风呜呜地唱'于'，后面的风呼呼地和'喁'。清风徐缓传出的是'小和'，长风疾劲传出的是'大和'。迅猛的大风一旦停歇，千窍万穴也都空寂无声。你岂不见那树木的枝叶还没有完全停止摇动吗？"

子游说："看来，'地籁'就是各种孔窍了，'人籁'就是那笙箫之类的乐器了，那么请问'天籁'又是什么呢？"

子綦说："那'天籁'，尽管吹出的声音千殊万异，但都是发声于各个窍孔的自身，出于自然，鼓动它们发声的还有谁呢？"

扩展阅读

秦穆公谓伯乐曰[①]："子之年长矣，子姓有可使求马者乎？"伯乐对曰："良马可形容筋骨相也[②]。天下之马者，若灭若没，若亡若失，若此者绝尘弭辙[③]。臣之子皆下才也，可告以良马，不可告以天下之马也。臣有所与共担纆薪菜者[④]，有九方皋[⑤]，此其于马非臣之下也，请见之。"穆公见之，使行求马。三月而反报曰⑥："已得之矣，在沙丘⑦。"穆公曰："何马也?"对曰："牝而黄⑧。"使人往取之，牡而骊⑨。穆公不说⑩，召伯乐而谓之曰："败矣，子所使求马者。色物、牝牡尚弗能知，又何马之能知也?"伯乐喟然太息曰⑪："一至于此乎? 是乃其所以千万臣而无数者也。若皋之所观，天机也，得其精而忘其粗，在其内而忘其外；见其所见，不见其所不见；视其所视，而遗其所不视。若皋之相者，乃有贵乎马者也。"马至，果天下之马也。

（《列子·说符》）

【注释】

①秦穆公：春秋时秦国国君。　伯乐：本名孙阳，春秋时秦国善于相马者。伯乐本为天上星辰之名，掌天马，孙阳善识马，所以称之为伯乐。

②形容筋骨相也：以筋骨外形来判断。

③绝尘：脚不沾尘土，形容奔驰得很快。　弭（mǐ）辙：没有痕迹。

④担缠（mò）薪菜：担柴挑菜。缠，绳索。

⑤九方皋（gāo）：人名，姓九方，名皋。

⑥反：通"返"。

⑦沙丘：地名，在今河北平乡东北。

⑧牝（pìn）：雌性动物。

⑨牡：雄性动物。　骊（lí）：纯黑色的马。

⑩说：通"悦"，高兴。

⑪喟（kuì）然：形容叹气的样子。　太息：叹气。

【译文】

秦穆公对伯乐说："你的年纪大了，你们家族中有可以让他去相马的吗?"伯乐回答说："良马可以从形状、容貌、筋骨看出来。至于天下之马，好像灭绝了，好像隐没了，好像消亡了，好像丢失了，像这样的马，跑起来没有尘土，没有车辙。我的儿子都是下等人才，可以教给他们怎样相良马，却不可以教给他们怎样相天下之马。我有一个一道担柴挑菜的伙伴，叫九方皋，这个人对于相马不在我之下，请您接见他。"穆公接见了他，派他去求马，三个月以后九方皋回来报告说："已经找到了，在沙丘那里。"穆公问："什么样的马？"九方皋回答道："母马，黄色的。"穆公派人去取这匹马，却是一匹公马，纯黑色的。穆公不高兴，召见伯乐并对他说："你派去找马的人太差了。颜色、公母都不能知道，又怎么能知道马的好坏呢？"伯乐长叹了一口气说："竟然到了这种程度吗？这就是他比我强无数倍的原因啊！像九方皋所观察的，是马的天机，得到了马的精华而忘掉了马的粗相，进入了马的内核而忘掉了马的外表；见到了他所要见的，没有见到他所不要见的；看到了他所要看的，遗弃了他所不要看的。像九方皋这样相马的人，有比相马更宝贵的东西。"那匹马到了，果然是一匹天下少有的好马。

点 评

"逍遥"与"齐物"是庄子哲学的核心成分，前者讲庄子式的价值观，后者讲庄子式的认识论。本段是《齐物论》的首段，全部"齐物论"哲学，即由本段南郭子綦与颜成子游的对话问答生发扩展、深化升华起来。

什么是"齐物论"？顾名思义，就是关于万物平等的论述。实际上，"齐物论"就是庄子式的"天人合一"观念的独特阐释，是他以直觉领悟的方式，讲述如何进入"天人""物我"一体的境界的。

本段分两节。

第一节写南郭子綦以"似丧其耦"和"吾丧我"的方法摒弃了以"我"观物，由此进入"以道观物"的境界。"以我观物"和"以道观物"是两种完全不同的认识方法："以我观物"，即从主体的"我"出发来看客体的世界，它必然会导致所见不同的局面，永远得不到"真实"。对此，庄子作了很有趣的分析："毛嫱、丽姬，人之所美也，鱼见之深入，鸟见之高飞，麋鹿见之决骤。四者孰知天下治正色哉？"庄子发现，在以"我"观物的主客体对立中，由于"我"被强化、偏化，而"物"失其真；"以道观物"则跳出主客体的对立，不是站在"我"（主体）的立场看"物"（世界），而应当是站在"道"的立场上看"物"（世界）。这种方法，也就是从"存在"本身看"存在"，而不是从"存在"的外面看"存在"。所以，在以"道"观物中，由于"我"被弱化、淡化，而"物"现其形，也由于超越了主体与客体的对立，"存在"便被理解为"一"或"全"，于是，在悟道中就会呈现万物一体的境界。"似丧其耦"和"吾丧我"就是通过弱化、淡化"自我"的偏执而进入"以道观物"的境界，在这种境界中摒弃知性分析而获得真正的悟性思维，这就是庄子"齐物论"的认识基石和实现"天人合一""物我平齐"境界的思维方法。简言之，"似丧其耦"和"吾丧我"的功夫，就是进入"哲学沉思"的状态，就是内心对"存在"（道）的直接领悟和体验，就是获得悟性思维的不二法门。

第二节，在师徒继续问答中提出如何认识"三籁"而悟道，其中"夫天籁者，吹万不同，而使其自己也。咸其自取，怒者其谁邪"，正是道家核心理念"道法自然"和"道性自然"的形象表达。在这段中，哲学家的庄子在以"三籁"喻道时，观察入微，想象丰富，穷形尽相地状出风木形声，把深邃的哲学思考和生动的感性形象结合得如此自然、巧妙，如出天籁，以形见理，以美启真。《齐物论》开篇与《逍遥游》《秋水》的开篇，都集中地展示出一种美的境界，并把哲学的沉思，隐藏在美的境界里，这些，不仅显示了庄子文章的特色，而且是德国大哲学家海德格尔所赞扬的东方哲学"非概念性语言和思维"（《在通往语言的路上》）的典范。

　　我们也可以看到，相马的高手九方皋在观察"天下马"时，冲破了马的单纯外表的藩篱，摒弃了与马的优劣无关的一切因素，而只关注于马的内在精髓，从而找到了天下良马。

道是整体性的存在

道行之而成，物谓之而然。有自也而可，有自也而不可。有自也而然，有自也而不然。恶乎然①？然于然。恶乎不然？不然于不然。恶乎可？可于可。恶乎不可？不可于不可。物固有所然，物固有所可。无物不然，无物不可①。故为是举莛与楹②，厉与西施③，恢诡谲怪④，道通为一。其分也，成也；其成也，毁也⑤。凡物无成与毁，复通为一。

（节选自《齐物论》）

【注释】

①恶（wū）：疑问代词，怎，如何，何。

②莛（tíng）与楹：莛，草茎。楹，木柱。茎小而柱大，庄子以莛柱比喻小大。

③厉与西施："厉"通"疠"，即癞病。西施，古代著名美女。厉与西施比喻美丑。

④恢恑（guǐ）憰（jué）怪：千形万状，形形色色。

⑤其分也，成也；其成也，毁也：任何事物的消散，必定有所生成（成就另一新物）；任何事物的生成，必定有所毁灭（毁灭原有的状态）。

【译文】

　　道路是人走出来的，事物的名称是人叫出来的。可以这样叫自有它可以的原因，不可以这样叫自有它不可以的原因。是有它是的原因，不是有它不是的原因。为什么是？自有它是的道理。为什么不是？自有它不是的道理。为什么可？自有它可的道理。为什么不可？自有它不可的道理。一切事物本来都有它存在的原因，一切事物本来都有它合理的地方。没有什么东西不是，没有什么东西不可。所以小草和大木，丑癞的女人和美貌的西施，以及一切千奇百怪的事物，从"道"的观点来看都可通而为一。万物有所分，必有所成；有所成，必有所毁。所以一切事物从"道"的观点来看就没有完成和毁坏，而都复归于一个整体。

扩展阅读

　　（杜弼）奉使诣阙①，魏帝见之于九龙殿②，曰："闻卿精学，聊有所问。经中佛性、法性为一为异③？"弼对曰："佛性、法性，止是一理。"诏又问曰："佛性既非法性，何得为一？"对曰："性无不在，故不说二。"诏又问曰："说者皆言法性宽，佛性狭，宽狭既别，非二如何？"弼又对曰："在宽成宽，在狭成狭，若论性体，非宽非狭。"诏问曰："既言成宽成狭，何得非宽非狭？若定是狭，亦不能成宽。"对曰："以非宽狭，故能成宽狭，宽狭所成虽异，能成恒一。"上悦称善。

（《北齐书·杜弼列传》）

【注释】

①诣阙（yì què）：指赴朝堂面见皇帝。

②魏帝：指东魏孝静帝（534～550 年在位）元善见。

③佛性：佛教名词。佛即觉悟之义，性即不改之义。一切众生皆有觉悟之性，乃佛性。 法性：佛教名词。即实相真如、法界、涅槃之名。性乃不改之义。真如为万法之体，在染在净在有情数在非情数，其性皆不改不变，故曰法性。

【译文】

　　（杜弼）奉命去朝廷拜见皇帝，皇帝在九龙殿接见他，说："听说你学问精深，我有些问题不明白想请你解答。经书中提到的佛性和法性是相同还是不同？"杜弼回答说："佛性、法性，是一个道理。"皇帝又问道："佛性又不是法性，二者怎么可能是相同的呢？"杜弼回答说："性无处不在，因此二者没有不同。"皇帝又问："谈论这个问题的人都说法性宽广，佛性狭窄，既然宽广与狭窄有分别，那么佛性和法性又怎么会没有区别呢？"杜弼又回答说："性在宽广就是宽广，性在狭窄就是狭窄，若论性的本质，则既不是宽广也不是狭窄。"皇帝又问说："既然说在宽广成宽广，在狭窄成狭窄，又怎么说不是宽广不是狭窄呢？如果一定是狭窄的，也不能使它成为宽广啊。"杜弼接着回答说："因为他既不是宽广也不是狭窄，所以能成为宽广与狭窄，宽广与狭窄的形成虽然不同，但它们的原则是永恒不变的。"皇上高兴地称赞他说得好。

❧ 点 评 ❧

《齐物论》是最能代表庄子哲学思想的篇章，也是庄子哲学中最有特色的部分。《齐物论》的主旨是肯定一切人与物都有自身的价值和独特意义。所谓"齐物论"，有三个层面之"平齐""平等"，它包括了万物平等观、人的平等观以及由此引申出来的不同认识主体（人的不同认识）也具有平等性，从而反对将真理绝对化的独断论哲学。

第一个层面平齐万物的大小差异，提出万物都是"道"的不可分割的部分，而"道"则是一个整体性的存在；第二层面平齐人之间的贵贱、美丑，从"道"的观点来看，他们都有自己的价值；第三层面平齐人们认识上的"是非"，即认为不同的认识主体所做的"是""非"判断，都是人为的"我见"。庄子在这里主要是针对当时百家争鸣各家各派都认为自己的学说是无以复加，再好不过，即所谓"皆以其有为不可加矣"（《天下》）的独断论态度而提出的。庄子写《齐物论》的目的之一，就是试图总结和整合百家争鸣。《天下》有一段话说：战国时代天下大乱，圣贤隐晦，道德分歧，天下的人各执一端以自炫。这种情况就如同耳目鼻口，各自都有它的功能，却不能互相通用，形成一个整体性的系统功能。庄子平齐是非的实质，既是反对"以其有为不可加矣"的独断论，又是思考如何将纷争导入整合。读《齐物论》，不可不了解这一点。

本文的中心是阐发"道通为一"的观点。因为"道通为一"才有万物一齐。"齐物论"哲学所说的物之"大小"，人之"贵贱"（美丑），论之"是非"三个层面上的平等观，都是建立在"道"是整体性的存在，万物互相依存这样的理论基点上的。

同样，在杜弼和孝静帝的对话中，杜弼把佛性和法性都归结到了"性"，这样便将佛性和法性等一而观，从而破除了皇帝的困惑。

浑沌之死的警示

南海之帝为儵^①，北海之帝为忽^②，中央之帝为浑沌^③。

儵与忽时相与遇于浑沌之地，浑沌待之甚善。儵与忽谋报浑沌之德，曰："人皆有七窍，以视听食息^④，此独无有，尝试凿之^⑤。"

日凿一窍，七日而浑沌死。

（节选自《应帝王》）

【注释】

①儵（shū）：虚拟的天神之名，含有来去匆匆的意味。

②忽：虚拟的天神之名，意思与"儵"相近。

③浑沌：虚拟的天神之名，暗含元始浑朴之意。

④息：呼吸。

⑤尝试：试试。

【译文】

南海的大帝名叫儵，北海的大帝名叫忽，中央的大帝名叫浑沌。

儵与忽常常一起到浑沌那里聚会，浑沌对他们非常友善。儵与忽商量要报答浑沌的情谊，说："人体头部都有七个孔窍，用来观看、听闻、饮食和呼吸，唯独浑沌没有，我们来试试给他开凿七个孔窍吧。"

他们每天凿一个孔窍，凿到第七天，浑沌就死了。

扩展阅读

天下之事，不可为也①，因其自然而推之；万物不变，不可究也，秉其要归之趣②。夫镜水之与形接也，不设智故③，而方圆曲直弗能逃也。是故响不肆应④，而景不一设⑤，叫呼仿佛⑥，默然自得。

（《淮南子·原道训》）

【注释】

①不可为：不可强求。

②秉：把握。 趣：真谛。

③不设智故：没有使用巧妙的方法。

④响：回声。 肆：任意，此处意为"特意"。 应：回应。

⑤景：通"影"。 一：专一，此处意为"特意"。

⑥叫呼：回声发响。 仿佛：恍惚影子晃动的样子。

【译文】

天下之事是不能违背自然规律刻意强求的，只能顺随事物的自然之性去推动它；万物的变化是不能凭人的智慧去探究的，只能按事物发展趋势来把握其真谛。镜子和明净的水能映照物形，并没有使用任何奥妙的方法，而使方、圆、曲、直等形状如实照映出来。因此，回音不是声音故意要它回应的，影子也不是物体特意设置的，这回音呼声、影子恍惚都是自然而然出现的。

❧ 点 评 ❧

无面目的"浑沌"原是上古神话中的人物（《山海经·西次三经》提到"浑沌无面目"），但到道家手里，却化神话为哲学，"浑沌"成了一个非常重要的基原性的哲学概念。

然而在庄子这里，他又给这个哲学概念灌注了生气，演绎成一个令人深思的故事。

庄子的"浑沌"形象透明，含义深邃，它就是老子哲学"无""无名""自然""朴素"之类形上之道、抽象概念的"活化"，因为"活化"，它的意义指向也更明确了。

"浑沌"是基原性的哲学概念，但它的含义是多维的，人们从中发掘出来的物理学和文化学的含义，可以帮助当代人类重新认识"浑沌"思想的价值。

其一，物理学含义。据报道，当代几位获得诺贝尔奖的粒子学家（包括日本的和西欧的），曾借"浑沌"的学说，解开了粒子运动的秘密。这些粒子学家做了这样的表白：他们在研究"粒子运动形式"时，越是发现这种运动形式的多样性、无限性，就越是陷入一种迷惑，不得不思考这样一个问题——是什么东西在粒子做多种自由运动的时候而又维护着物质的完整、不解体？最终，他们受到了"浑沌"理论的启发，才走出了这个迷宫。这一消息传到中国，萌动了学术界重新认识庄子价值的意愿。

其二，文学含义。这里的"浑沌"指大自然的原生态和人类的原性态。

人类文化发展的基本轨迹，就是使自然和人类日益实现"序化"，也就是说，"浑沌"总要被雕凿出纹缕，"无"总要衍生出"有"，这是人类的进取标志，也是文化的发展标志。庄子看到了文化或文明发展中的矛盾，发现了"文明性的野蛮""神圣的丑恶"。他在揭露文化"逆现象"中，集中了隐藏在"文化"或"文明"活动中的某些弊端，他那带有"反文化"倾向的"逆向思维"，并不是要彻底否定文化，而是代表这人类一种特殊的文化类别，它不仅是一种文化，而且是具有极高"文化正值"的文化品。"浑沌之死"就是一个生动的例证。

比如，自然原生态是需要用文化之斧开凿的，但不能站在"人类中心主义"的立场上强凿、奢凿、盲凿。不可从人类自身的狭隘利益出发来看待自然界，而需要以更高的境界和广阔的视野把人类和环境、社会发展和生态发展融合在一起。人类出现之后，就在不停地对"浑沌"开凿，这个"浑沌"就是人类栖身的地球，就是我们赖以生存的自然环境，人类于其中开凿出文明，开凿出现代化的一切，但是，"人类中心主义"和现代化极度扩张中的盲凿、奢凿，反过来又导致了全球生态环境的严重恶化，直接威胁到居住在地球上的人类的生存。人类的奢凿、盲凿如果得不到有效控制，那么，"浑沌"的悲剧就会成为人类盲动的归宿。因此，我们应该以一种更契合事物自身规律的态度，来对待世界，而不以人类的欲望为依归，刻意强求。

鲁侯养鸟的笑话

昔者海鸟止于鲁郊①，鲁侯御而觞之于庙②，奏《九韶》以为乐③，具太牢以为膳④。鸟乃眩视忧悲⑤，不敢食一脔⑥，不敢饮一杯，三日而死。

此以己养养鸟也⑦，非以鸟养养鸟也⑧。

（节选自《至乐》）

【注释】

①鲁郊：指鲁国国都曲阜的城郊。

②御（yà）：迎迓。　觞（shāng）：宴饮。　庙：指鲁国宗庙。

③《九韶》：相传为舜时的乐曲名。

④太牢：祭祀时用牛羊猪三牲。

⑤眩视：指头晕眼花。

⑥脔（luán）：切成块的肉。一脔，一块肉。

⑦以己养养鸟：用养自己的办法养鸟。

⑧以鸟养养鸟：用养鸟的办法养鸟。

【译文】

从前有一只海鸟停落在鲁国都城的郊外，鲁国国君把它迎进太庙里，大摆酒宴，为它奏《九韶》之乐，让它高兴，备上牛羊猪三牲供它享用。海鸟却目眩心悲，不敢吃一块肉，不敢饮一杯酒，三天就死了。

鲁国国君的这种做法，是用供养人的方式来供养鸟，不

是用供养鸟的方式来供养鸟啊！

🌸 扩展阅读 🌸

（郭）橐驼之所种①，无不生且茂者。或问之②，对曰："橐驼非能使木寿且孳也③。凡木之性，其根欲舒，其土欲故，既植之，勿动勿虑，去不复顾。其莳也若子④，其置也若弃，则其天全而性得矣。他植者则不然，根拳而土易⑤，爱之太恩，忧之太勤，旦视而暮抚，已去而复顾，甚者爪其肤以验其生枯⑥，摇其本以观其疏密，而木之性日以离矣。虽曰爱之，其实害之；虽曰忧之，其实仇之。故不我若也！为政亦然。吾居乡见长人者⑦，好烦其令，若甚怜焉而卒以祸之。且暮吏来，聚民而令之，促其耕获，督其蚕织，吾小人辍饔飧以劳吏之不暇⑧，又何以蕃吾生而安吾性邪⑨！凡病且怠，职此故也。"

（《资治通鉴·唐纪五十五》）

【注释】

①橐（tuó）驼：原指骆驼，郭橐驼因驼背被人如此称呼。

②或：有的人。

③孳（zī）：生长繁盛。

④莳（shì）：栽种。

⑤拳：拳曲。　易：更换。

⑥爪其肤：划破树皮。

⑦长人：指居上位者、官长。

⑧辍：停止。　饔飧（yōng sūn）：早饭和晚饭。　暇：空闲。

⑨蕃（fán）：繁殖。

【译文】

　　郭橐驼种植的树木，没有不成活、不繁茂的。有人问他其中的道理，郭橐驼回答说："我本人并不能够使树木延长寿命并且生长繁盛。大凡树木的本性，树根喜欢舒展，喜欢让人培上陈泥。将树木种植好后，不需挪动它，不需为它担心，离开它后，便不用再去看管它。栽种树木时，就像爱护自己的子女一样，将树木放入土中后，就像将它抛弃了似的，这就使树木的天性得以保全，使树木的本性得到发展了。其他种植树木的人就不是这样了，他们使树木的根部拳曲在一起，而且更换了新土，对树木的爱护过于深切，担忧过于细密，早晨去看它，晚上又去抚摸它，已经离开了，还要再回头看上一眼。更为过分的，有人还要划破树皮，查看它是成活了，还是枯萎了，摇晃着树干，去观察枝叶哪里稀疏，哪里繁密，而树木却与自己的本性日渐脱离了。虽然说是爱护树木，实际却是损害树木；虽然说是为树木担忧，实际却是将树木当成仇人了。所以，人们种树都不如我。办理政务，也是这个道理。我住在乡间，看到当官的人们，喜欢频频发号施令，像是对百姓非常怜悯，但终究给百姓带来祸殃。整天都有吏人前来，将百姓聚集起来，向人们发布命令，敦促人们耕地收割，监督人们养蚕织布，我们这些小人把早餐晚饭都停下来，忙着去慰劳官吏还来不及呢，又怎么能够使我们的生计得以蓄息，且使我们的天性安然无扰呢！一般说来，人民困窘倦怠，主要是由于这个缘故啊！"

❦ 点 评 ❦

一切事物都有自己的特性，在庄子看来，事物的特性也就是自身之性，自然之性。无视物性，违背自然之性，把人的愿望意志强加于他物，就会扼杀物的生命。鲁侯以养己之道对待海鸟，全然不顾鸟的自然习性，结果夺去了它的生命。庄子以鲁侯养鸟的故事，批评了某些人习惯于"以己养养鸟"的思维，从而宣扬了道家哲学依循自然、尊重物性的精神。

同样，在种树行家郭橐驼看来，为政和种树一样，如果人们的作为违背了事物本身的规律，就会使事物的发展违背初衷，产生与预期相反的作用。

庄周梦蝶的真意

　　昔者庄周梦为胡蝶，栩栩然胡蝶也①，自喻适志与②，不知周也。俄然觉③，则蘧蘧然周也④。不知周之梦为胡蝶与？胡蝶之梦为周与？周与胡蝶，则必有分矣。此之谓物化⑤。

（节选自《齐物论》）

【注释】

①栩栩然：即翩翩然，形容蝴蝶飞舞欣然自得的样子。

②喻：晓，觉得。　适志：快意。　与：通"欤"。　一说此五字隔断文义，应当为注文。

③俄然：一会儿。　觉：醒来。

④蘧蘧（qú）然：僵卧的样子。

⑤物化：意指物我界限消解，万物融化为一。

【译文】

　　夜来庄周梦见自己变成了蝴蝶，翩翩飞舞的一只蝴蝶，自我感觉非常快意，根本不知道自己原来是庄周。忽然醒了过来，僵卧着的分明又是庄周。不知道是庄周做梦化为蝴蝶呢，还是蝴蝶做梦化为庄周？庄周与蝴蝶一定是有所区分的。它们之间的转变就叫做"物化"。

❧ 扩展阅读 ❧

　　譬若梦为鸟而飞于天①，梦为鱼而没于渊②，方其梦也，不知其梦也，觉而后知其梦也。今将有大觉③，然后知今此之为大梦也。始吾未生之时，焉知生之乐也？今吾未死，又焉知死之不乐也？

（《淮南子·俶真训》）

【注释】

①譬若：比如。

②渊：深水。

③大觉：大梦觉醒。道家比喻了悟大道。

【译文】

比如说你梦中变成鸟儿在天空飞翔，梦中变成鱼儿沉入深渊，当你处在梦里时不知道是在做梦，醒来才知道是一场梦。如果有一天你能彻底觉醒，你就会发觉今天的一切也就是一场大梦。当初我还没降生时，怎么知道生的快乐呢？现在我还没死，又怎么知道死的不快乐呢？

点 评

庄周化蝶是一个脍炙人口的故事，庄周以现身说法的方式，在这个故事中宣讲"齐物论"哲学：周耶？蝶耶？其间有分又无分。有分的是现象，无分的是本真；有分的是万物，无分的是道——这就是"齐物论"。

但是，庄周化蝶的哲理意蕴和文化内涵却值得更深入地发掘和解读。因为这个故事对中国的读书人产生过特别的亲和力，一个"梦"境，引出了后来无数的"梦文学"，唐代大诗人李白的《梦游天姥吟留别》，明代著名剧作家汤显祖的《玉茗堂四梦》（《紫钗记》《牡丹亭》《邯郸记》《南柯记》），清代伟大文学家曹雪芹的《红楼梦》，都是以"梦"构思的名作，都有"梦"与"觉"（醒）的人生哲学。

庄周化蝶包含了梦与觉、周与蝶乃至生与死这样三个层面的关系。

梦与觉。这里的"梦"不是单纯的心理学概念，而是一个包容了人生哲学或美学意蕴的概念。"梦"与"觉"是感知"真"与"幻"的两种情景和心理状态。但是"梦"与"觉"又是相对的、变动的、联结的，"梦"中有"真"，"觉"中有"幻"，果真梦耶？果真觉耶？其间有分，又无分。后来中国的那些"梦文学"，演绎并发展了"梦"与"觉"的有分又无分，庄子也就成了"梦文学"之祖。

周与蝶。庄周梦蝶醒来不知是庄周做梦化为蝴蝶，还是蝴蝶做梦化为庄周。在这里，本来相分的庄周与蝴蝶，各自超越了自己，彼此融入和转化，出现了周耶蝶耶这种"真""幻"交融的情境，从以"我"观物的角度看，周与蝶是有分的；从以"道"观物的角度来看，周与蝶是不分的。它们之间的彼此转变不过是"道"的"物化"。正是"梦"与"觉"，"周"与"蝶"的"有分"与"无分"，造成了"真"与"幻"的"有分"与"无分"。从而，"蝶梦"所引出的有关"道"的"真"与"幻"的哲学问题，也就同世事沧桑，盛衰变易发生了联系，"蝶梦"由一个"齐物论"的哲学问题，变成了热衷于功名，沉浮于宦海的那些封建士人的一副"清醒剂"。

生与死。庄子把周蝶彼此转化称为"物化"。"物化"是庄子生死观的一个基要概念。死后的生命寂灭和一片漆黑，没有人不感到困惑和恐惧。但在庄子看来，死生完全是一种相对幻灭的现象，自然大化，就是"方生方死，方死方生"的"物化"过程。看开了，也没有什么可怕的，不过是你从自然中来，又回到自然中去而已。人的初始，本无形体，由形体的形成，以至于复归于消解，这种形体的变化过程实在是不足悲的。也许，你死后化为蝴蝶，像物化后的庄子那样，翩翩起舞，快乐得忘了形，还丝毫不知道自己原是谁呢。

一个"庄周梦蝶"的小故事，对一个民族的文化心理产生了如此深刻的影响，如果世间的追求只不过是一场"黄粱美梦"，那么，世人蝇营狗苟，究竟又是为了什么呢？这其中的意蕴，是值得我们思考和玩味的。

濠梁观鱼的妙悟

庄子与惠子游于濠梁之上^①。

庄子曰："鲦鱼出游从容^②，是鱼之乐也！"

惠子曰："子非鱼，安知鱼之乐？"

庄子曰："子非我，安知我不知鱼之乐？"

惠子曰："我非子，固不知子矣；子固非鱼也，子之不知鱼之乐，全矣^③。"

庄子曰："请循其本^④。子曰'汝安知鱼乐'云者，既已知吾知之而问我。我知之濠上也。"

（节选自《秋水》）

【注释】

①濠梁：濠，水名。梁，桥。

②鲦（tiáo）鱼：白鱼。

③全矣：犹言"百分之百"。

④循：追溯。 本：初始，指开头惠子所讲的那句话。

【译文】

庄子与惠子一道在濠水的桥上游玩。

庄子说："白鲦鱼悠哉悠哉地游来游去，这就是鱼的快乐啊！"

惠子说："你不是鱼，怎么知道鱼的快乐？"

庄子说："你不是我，又怎么知道我不知道鱼的快乐？"

惠子说："我不是你，当然不知道你；你也不是鱼，所

睿智谲奇的哲学沉思

以你不会知道鱼的快乐，这是完全可以断定的。"

庄子说："请把话题从头说起吧。当初你说'你怎么知道鱼的快乐'这句话，就是已经知道了我知道鱼快乐才来问我的。我来告诉你：我是在濠水的桥上知道鱼的快乐的啊。"

扩展阅读

林类年且百岁^①，底春被裘^②，拾遗穗于故畦^③，并歌并进。孔子适卫，望之于野，顾谓弟子曰："彼叟可与言者^④，试往讯之。"子贡请行^⑤。逆之垄端^⑥，面之而叹曰："先生曾不悔乎，而行歌拾穗？"林类行不留，歌不辍。子贡叩之不已^⑦，乃仰而应曰："吾何悔邪？"子贡曰："先生少不勤行，长不竞时，老无妻子，死期将至，亦有何乐而拾穗行歌乎？"林类笑曰："吾之所以为乐，人皆有之，而反以为忧。少不勤行，长不竞时⑧，故能寿若此，老无妻子，死期将至，故能乐若此。"子贡曰："寿者人之情，死者人之恶。子以死为乐，何也？"林类曰："死之与生，一往一反。故死于是者，安知不生于彼？故吾安知其不相若矣⑨。吾又安知营营而求生非惑乎？亦又安知吾今之死不愈昔之生乎？"

（《列子·天瑞》）

【注释】

①林类：古之隐者。　且：将近。

②厎：当。　被：同"披"，穿着。　裘：粗糙的皮衣。

③故畦（qí）：庄稼收割后的田垄。

④叟（sǒu）：老人。

⑤子贡：孔子弟子，姓端木，名赐，字子贡，卫国人。

⑥逆：迎。

⑦叩：询问。

⑧竞时：抓紧时间。

⑨不相若：不一样。

【译文】

　　林类的年纪将近一百岁了，到了春天还穿着粗皮衣，在田地里拾取收割后遗留下来的谷穗，一面唱歌，一面往前走。正巧孔子要到卫国去，在田野上看见了他，回头对学生说："那位老人是个值得对话的人，试试去问问他。"子贡请求前往。在田埂的一头迎面走去，面对着他感叹道："先生没有后悔过吗？还边走边唱地拾谷穗？"林类不停地往前走，照样唱歌不止。子贡再三追问，他才仰着头答复说："我后悔什么呢？"子贡说："您少年时懒惰不努力，长大了又不争取时间，到老了还没有妻子儿女，现在已经快要死了，又有什么快乐值得拾谷穗时边走边唱歌呢？"林类笑着说："我所以快乐的原因，人人都有，但他们却反而以此为忧。我少年时懒惰不努力，长大了又不争取时间，所以才能这样长寿。到老了还没有妻子儿女，现在又快死了，所以才能这样快乐。"子贡问："长寿是人人所希望的，死亡是人人所厌恶的。您却把死亡当做快乐，为什么呢？"林类说："死亡与出生，不过是一去一回。因此在这儿死去了，怎么知道不在另一个地方重新出生呢？由此，我怎么知道死与生不一样呢？我又怎么知道力求生存而忙忙碌碌不是头脑糊涂呢？同时，我又怎么知道自己现在的死亡不比过去活着更好些呢？"

❦ 点 评 ❦

　　庄子与惠子的"濠梁之辩"是一个纠缠着认知与审美关系的故事。在是否知道"鱼之乐"的问题上，庄子是"可知论"，惠子是"不知论"。表面上，惠子"不知论"层层推论，逻辑严密，而庄子的"可知论"则有偷换概念和诡辩的成分在内。但是，这些都不是"濠梁之辩"的真意所在。是否"知鱼乐"的问题，在庄子看来，实际上是一个人与自然、人与物能够彼此交融的问题，庄子以一种审美的、特殊的心灵通道，融通于自然万物，在观赏中感知了"鱼之乐"，而惠子的"不知论"则否定天人、物我之间的融通，他是从纯认知的角度来看待一个本属于审美的问题。从"濠梁之辩""鱼之乐"的命题中，充分显示出庄子哲学乃是一种综合着生命体验、感悟思维和审美魅力的"天人合一"哲学。正如子贡和林类老人的对话，无论是乐与不乐，都只是个人的体验，何必在意鱼究竟是不是真的快乐呢？何必去质问别人是否满足呢？只问自己的内心感受，不就足够了吗？

与“道”合契
的竞技艺术

庖丁解牛的"技进乎道"

庖丁为文惠君解牛①，手之所触，肩之所倚，足之所履，膝之所踦②，砉然响然③，奏刀騞然④，莫不中音，合于《桑林》之舞⑤，乃中《经首》之会⑥。

文惠君曰："嘻！善哉！技盖至此乎⑦？"

庖丁释刀对曰："臣之所好者，道也，进乎技矣⑧。始臣之解牛之时，所见无非牛者，三年之后，未尝见全牛也。方今之时，臣以神遇⑨，而不以目视，官知止而神欲行⑩，依乎天理⑪，批大卻⑫，导大窾⑬，因其固然，技经肯綮之未尝⑭，而况大軱乎⑮！良庖岁更刀，割也；族庖月更刀⑯，折也⑰。今臣之刀十九年矣，所解数千牛矣，而刀刃若新发于硎⑱。彼节者有间⑲，而刀刃者无厚；以无厚入有间⑳，恢恢乎其于游刃必有余地矣㉑。是以十九年，而刀刃若新发于硎。虽然，每至于族㉒，吾见其难为，怵然为戒㉓，视为止㉔，行为迟；动刀甚微，謋然已解㉕，如土委地㉖。提刀而立，为之四顾，为之踌躇满志㉗，善刀而藏之㉘。"

文惠君曰："善哉！"

【注释】

①庖（páo）丁：厨师，名丁。　文惠君：即梁惠王。　解牛：宰割牛。解，解割，分卸。

②踦（yǐ）：一个膝盖用力顶住。

③砉（huā）然：象声词，形容皮与肉、骨与肉相分离的声音。

④奏：进。　騞（huō）然：象声词，形容进刀的声音。

⑤《桑林》：商汤时代的乐曲名。

⑥《经首》：尧时的乐曲名。　会：乐律、节奏。

⑦謋：同"嘻"，赞叹的声音。　盖：通"盍"，何，怎么。

⑧进乎技：比技术进了一层，超越了技术。

⑨神遇：指心神和牛接触。遇，接触，感知。

⑩官知止：指感官知觉停止了功能作用。　神欲行：指精神心智发挥作用。

⑪天理：天然的生理结构。

⑫批：击，砍。　郤（xì）：同"隙"，指筋骨连接处的缝隙。

⑬导：引向，顺着。　窾（kuǎn）：空穴，指牛体骨节间的窍穴。

⑭枝：同"支"，指支脉。　经：经络。　肯：坚附在骨上的肌肉。　綮（qǐng）：筋肉聚结的地方。　尝：试，指触碰。

⑮大軱（gū）：大腿骨。

⑯族庖：一般的厨工。族，众。族庖与良庖是等级不同的厨工。

⑰折：指乱砍蛮砍。

⑱新发于硎（xíng）：指刀刃像刚从磨刀石上磨出一般。硎，磨刀石。

⑲节：骨节。　间（jiàn）：空隙。

⑳无厚：没有厚度，极言刀刃之薄。

㉑恢恢乎：宽绰的样子。　游刃：运转的刀。

㉒族：交错聚结。这里指筋骨交错聚结的地方。

㉓怵（chù）然：警惕的样子。

㉔视为止：指视力集中在某一点上。

㉕謋（huò）然：形容牛体分离开的声音。

㉖委地：散落地上。

㉗踌躇：悠然自得的样子。　满志：心满意足。

㉘善：通"缮"，指把刀揩拭干净。

【译文】

庖丁替梁惠王宰牛，他手所触，肩所倚，足所踩，膝盖所顶的地方，无不发出清晰的声音，牛刀一进，每个动作都跟一定的音调相和，合乎《桑林》之舞的旋律，合乎《经首》乐章的节奏。

梁惠王说："啊！妙极了！你的技艺怎么达到了这样高超的地步呢？"

庖丁放下刀，回答说："我所喜爱的是道，已经远远超过了技艺。当初我刚学宰牛的时候，眼中所见到的都是整头的牛；三年之后，在我心目中已没有完整的牛了。现在我宰牛，只用心神来领会，而不用眼睛来观看，感官停止了功能，精神心智活动在自如运行。顺着牛体骨肉的自然构造，把刀插进筋肉的间隙中，导向骨节间的一个个窍穴，全都是顺着其固有的结构来解剖，凡是筋络骨肉交错聚结之处，我的刀刃从未碰过，何况那些大骨头呢！技艺优良的厨师一年更换一把刀，因为他用刀只是割肉；一般的厨师一月就得更换一把刀，因为他们用刀不是砍便是剁。如今我的刀已经用了十九年了，用它宰过的牛也有数千头了，而刀刃还像新铸出的刀，刚从磨刀石上磨出来一样。那牛体的筋肉骨节间自有它的间隙，而我的刀锋却比它还要薄；用这样薄的刀锋切进骨节的空隙，真是宽宽绰绰，对于刀刃的运转回旋来说是有足够的活动余地啦。所以，这样用了十九年，而刀刃还像是刚从磨石上磨过一样。尽管如此，每当遇到筋腱骨节聚结交错的地方，我看到不易下刀，便格外小心而不敢大意，目光为之而专注，动作为之而缓慢，运刀异常轻微。只有当牛的骨肉谍然分解，像一堆泥土散落在地上时。我才提着刀站起来，为此而环顾四周，为此而悠闲自得、心满意足，把刀擦拭干净藏入鞘中。"

梁惠王说："真是太好了！"

扩展阅读

昔者王良、造父之御也①，上车摄辔，马为整齐而敛谐②，投足调均，劳逸若一，心怡气和，体便轻毕，安劳乐进，驰骛若灭③；左右若鞭④，周旋若环，世皆以为巧，然未见其贵者也。若夫钳且、大丙之御也⑤，除辔衔，去鞭弃策，车莫动而自举，马莫使而自走也。日行月动，星耀而玄运，电奔而鬼腾，进退屈伸，不见朕垠⑥，故不招指⑦，不咄叱⑧，过归雁于碣石⑨，轶鹍鸡于姑余⑩，骋若飞，骛若绝；纵矢蹑风，追猋归忽⑪；朝发榑桑⑫，日入落棠⑬，此假弗用而能以成其用者也。非虑思之察、手爪之巧也。嗜欲形于胸中，而精神逾于六马，此以弗御御之者也。

（《淮南子·览冥训》）

【注释】

①王良：春秋时善驭马者。　造父：西周著名御车者。

②敛：收敛，指驯顺。　谐：配合得当。

③驰骛（wù）：奔跑。

④左右：向左向右跑。　鞭：通"缏（biàn）"，指把丝麻等编成辫绳。这里比喻马忽左忽右灵敏的样子。

⑤钳且、大丙：仙人名，传说中的善御马者。

⑥朕垠（yín）：征兆，迹象。

⑦招指：指挥。

⑧咄叱（duō chì）：大声吆喝。

⑨碣石：山名。在今河北昌黎北。

⑩鹍（kūn）鸡：即凤凰。　姑余：山名。即姑苏山。

⑪猋（biāo）：通"飙"，暴风。

⑫榑（fú）桑：同"扶桑"，太阳所出之处。

⑬落棠：太阳落山之处。

　　过去，王良、造父两位御手驾车，上车后就握着缰绳，马便随着他们的控制整齐和谐地起步行进，步伐均匀，奔跑和慢行都不乱套，心怡气和，动作轻盈敏捷，安于劳苦，以进为乐，驾车奔驰瞬间消逝，或左或右有如编辫，周旋绕圈似如滚环，世人都以为他们驾车技艺精巧，可人们还没有见到真正高明的御术。像那钳且、大丙的驾御技术才更高明，他们根本不用缰绳马衔，也不用马鞭，车子不用发动就自行运转，马匹不必使唤就自己奔驰向前。像日月运行自然而然，如星星闪烁天体运作，又似电光疾驰鬼神腾飞，进退屈伸无迹可寻。所以无须招呼指挥，不用呵斥吆喝，瞬间在碣石山处超过归飞的大雁，转眼又在姑余处超过鹓鸡，奔跑如飞，驰骋疾速；像踩踏着飞箭大风，能赶上飙；清晨随旭日从扶桑出发，傍晚随夕阳归宿于落棠。他们是凭着"不用"而成其"大用"，借"无为"而取得"有为"，不靠思虑精细、手脚灵巧。他们是将欲念意愿藏于心中，而以精神感化支配六马，这便是用不御来达到驾御。

点　评

　　庄子"庖丁解牛"这则寓言，长期以来，被文学家和艺术家们广泛传诵引用，成为暗喻由"技"（艺）入"道"的经典。所以，庖丁解牛的过程，也就典范地表现出"艺"（技）与"道"深刻的内在联系：艺赋予道以外在形象和实体，道给艺以深度和灵魂。不过，由"技"（艺）入"道"，或"技"（艺）中见"道"，乃是一种高超的艺术创作活动，需要极高的艺术修养和哲学睿智，并非人人都能领悟这种高级经验。

　　但是，对于一般的人来说，庖丁解牛的经验也是具有普遍性的意义的：无论从事何种工作，都有一个掌握规律、精益求精的问题；任何事物，哪怕是非常复杂的事物，都有内在规律可循。

只要潜心探究，反复实践，善于总结，像庖丁解牛那样，"依乎天理""因其固然"，就能够在操作上"游刃有余"。庖丁解牛虽积累了丰富的经验，具有了娴熟的技巧，然而"每至于族，吾见其难为"，便会高度警惕，格外小心，精神专注，精细入微，直到"謋然已解，如土委地"，完成解牛所有过程，才会轻松下来，以成功的从容感"为之四顾，为之踌躇满志"。这些感受和经验，对于任何希望在学习和工作上有所成就的人来说，都是非常有启发性的。

我们同样可以看到，钳且、大丙的御马技术炉火纯青，是因为符合了终极的驾驭之道，因此远远超越了王良、造父两位御手。

“痀偻承蜩”技巧“有道”

　　仲尼适楚，出于林中，见痀偻者承蜩①，犹掇之也②。

　　仲尼曰：“子巧乎！有道邪？”

　　曰：“我有道也。五六月累丸二而不坠③，则失者锱铢④；累三而不坠，则失者十一；累五而不坠，犹掇之也。吾处身也，若橛株拘⑤；吾执臂也⑥，若槁木之枝。虽天地之大，万物之多，而唯蜩翼之知。吾不反不侧⑦，不以万物易蜩之翼，何为而不得？”

　　孔子顾谓弟子曰：“用志不分，乃凝于神，其痀偻丈人之谓乎！”

（节选自《达生》）

【注释】

①痀偻（jū lóu）者：驼背老人。　承蜩（tiáo）：以竿粘取蝉。承，承接，像接东西那样容易。

②掇（duō）：拾取。

③累丸：积累，堆叠。丸，小弹丸。

④锱铢（zī zhū）：表示极少数。古代六铢等于一锱，四锱等于一两。

⑤橛（jué）株拘（jū）：竖着的木桩，形容身心凝定不动。

⑥执臂：指粘蝉时，身臂不颤动。执，拿定。

⑦不反不侧：毫不变动。反、侧，均指活动。

【译文】

孔子到楚国去，从一片树林中经过，看见一位驼背老人正拿着一根竹竿在粘蝉，（一个一个）就好像从地上拾取东西一样容易。

孔子说道："您真灵巧啊！有什么诀窍吗？"

驼背老人回答说："我当然有门道。经过五六个月的训练，能在竹竿顶端累叠两个弹丸而不掉下来，那么粘捕蝉就很少失手；若能累叠上三个弹丸而不掉下来，那么失手的情况最多不过十分之一；若能累叠上五个也不掉下来，那我从树上粘捕蝉就像在地上拾取东西一样了。我的身躯站得这样稳定，就像竖着的木桩一动不动；我的手臂拿得这样平稳，就像干枯的树枝一样纹丝不动。天地虽大，万物虽多，我心目中只知有蝉翼。我从不左顾右盼，纷繁的万物也干扰不了我对蝉翅膀的注意力，这样，我怎么会捕捉不到呢？"

孔子听了，回过头来对他的学生们说："用心专一，便会凝神聚精，说的不就是这位驼背老人的么！"

扩展阅读

　　列子师老商氏，友伯高子，进二子之道，乘风而归。尹生闻之，从列子居，数月不省舍①。因间请蕲其术者②，十反而十不告。尹生怼而请辞③，列子又不命④。尹生退。数月，意不已，又往从之。列子曰："汝何去来之频？"尹生曰："曩章戴有请于子⑤，子不我告⑥，固有憾于子⑦。今复脱然⑧，是以又来。"列子曰："曩吾以汝为达，今汝之鄙至此乎？姬⑨！将告汝所学于夫子者矣⑩。自吾之事夫子友若人也⑪，三年之后，心不敢念是非，口不敢言利害，始得夫子一眄而已⑫。五年之后，心庚念是非⑬，口庚言利害，夫子始一解颜而笑。七年之后，从心之所念，庚无是非；从口之所言，庚无利害，夫子始一引吾并席而坐。九年之后，横心之所念⑭，横口之所言，亦不知我之是非利害欤，亦不知彼之是非利害欤；亦不知夫子之为我师，若人之为我友：内外进矣⑮。而后眼如耳，耳如鼻，鼻如口，无不同也。心凝形释，骨肉都融；不觉形之所倚，足之所履，随风东西，犹木叶干壳。竟不知风乘我邪？我乘风乎？今女居先生之门，曾未涘时⑯，而怼憾者再三。女之片体将气所不受，汝之一节将地所不载。履虚乘风，其可几乎⑰？"尹生甚怍⑱，屏息良久，不敢复言。

（《列子·黄帝》）

【注释】

①省（xǐng）舍：看望家人。

②因间（jiàn）：趁机。　蕲（qí）：祈求。

③怼（duì）：怨恨。

④不命：意为不表态。

⑤曩（nǎng）：以前。　章戴：尹生名。

⑥子不我告：犹"子不告我"。

⑦憾：恨。

⑧脱然：疾病痊愈的样子。此处指解除了怨恨。

⑨姫（jū）：同"居"，坐下来。

⑩夫子：指老商氏。

⑪若人：指伯高子。

⑫眄（miǎn）：斜视。

⑬庚：同"更"。

⑭横（hèng）：放纵。

⑮进：同"尽"。

⑯浹（jiā）时：一季。形容为时不长。

⑰几：同"冀"，希望。

⑱怍（zuò）：惭愧。

【译文】

列子拜老商氏为师，以伯高子为友，把两人的所有本领都学到了手，然后乘风而归。尹生听说了，便来跟列子学习，并和列子住到一起，好几个月都不回去看望家人。他找机会向列子请求学习法术，请求了十次，列子都没有告诉他。尹生有些生气，请求离开，列子也不表态。尹生回家了。几个月后，尹生不死心，又去跟列子学习。列子问："你为什么来去这么频繁呢？"尹生说："以前我向您请教，您不告诉我，本来有些怨恨您。现在又不恨您了，所以又来了。"列子说："过去我以为你通达事理，现在你的无知竟到了如此程度吗？坐下！我打算把我在老师那里学习的情况告诉你。自从我拜老商氏为师，以伯高子为友，三年过去了，心中不敢计较是与非，嘴上不敢谈论利与害，然后才得到老师斜着眼睛看我一下罢了。五年，心中（比学道前）更多地计较是与非，嘴上更多地谈论利与害，然后老师才开始放松脸面对我笑了笑。七年过去了，我顺从心灵去计较，反而觉得没有什么是与非；顺从口舌去谈论，反而觉得没有什么利与害；老师这才叫我和他坐在一块席子上。九年过去了，我放纵心灵去计较，放纵口舌去谈论，但所计较与谈论的也不知道是我的是非利害呢，还是别人的是非利害；并且也不知道老商氏是我的老师，伯高子是我的朋友：这时身内身外都忘得一干二净了。从此以后，眼睛就像耳朵一样，耳朵就像鼻子一样，鼻子就像嘴一样，没有什么区别了。心灵凝聚，形体消失，骨肉全部与自然融为一体；感觉不到身体倚靠着什么，两脚踩着什么，随风飘游四方，就像树叶与干燥的皮壳一样。竟然不知道是风驾驭着我呢，还是我驾驭着风。现在你在老师的门下，还没过多久，便怨恨了好几次。你的一片肤体也不会被灵气所接受，你的一根肢节也不会被大地所容纳。想要脚踏虚空，驾驭风云，又怎么能办得到呢？"尹生非常惭愧，好长时间不敢大声出气，也不敢再说什么。

❦ 点 评 ❦

专心致志，苦练勤学，循序渐进，持之以恒，就会获得高超的技巧。"用志不分，乃凝于神"不只是痀偻老人的捕蝉经验，而且是古往今来一切能够获取高超技巧者的普遍经验。但是，若真正做到"用志不分"，不仅需要时时排除外在的各种干扰，更要有内心的长期的执著和专注。所以，当技巧达到出神入化的境地时，必有一个内在境界的支撑和升华。列子想告诉尹生的便是这样一个道理，首先要能够苦练，然后心神合一，仿佛忘掉了其他一切与学艺无关的东西，这样才可以渐入佳境。

与『道』合契的竞技艺术

49

吕梁丈夫的"蹈水之道"

孔子观于吕梁①，县水三十仞②，流沫四十里③，鼋鼍鱼鳖之所不能游也④。见一丈夫游之，以为有苦而欲死也，使弟子并流而拯之⑤。数百步而出，被发行歌而游于塘下⑥。

孔子从而问焉，曰："吾以子为鬼，察子则人也。请问，蹈水有道乎？"

曰："亡⑦，吾无道。吾始乎故⑧，长乎性⑨，成乎命⑩。与齐俱入⑪，与汩偕出⑫，从水之道而不为私焉⑬，此吾所以蹈之也。"

孔子曰："何谓始乎故，长乎性，成乎命？"

曰："吾生于陵而安于陵，故也；长于水而安于水，性也；不知吾所以然而然，命也。"

（节选自《达生》）

【注释】

①吕梁：水名。《水经·泗水注》："泗水过吕县南，水上有石梁，故曰吕梁。"其地在今江苏铜山东南。

②县：同"悬"。

③流沫：指大瀑布下面溅起的浪花。

④鼋（yuán）：类似鳖的一种水生动物。 鼍（tuó）：穴居江河岸边的爬行动物。

⑤并流：沿着河流。并，同"傍"。

⑥被（pī）发：披散头发。被，同"披"。　行歌：边走边唱。　塘：堤岸。

⑦亡：同"无"，没有。

⑧始乎：起于。　故：原有，固有，这里指人类本能。

⑨长：成长。　性：指人类后天的适应性。这里指适应环境的能力，在水边生长自然学会游泳。

⑩成：成功。　命：自然，这里指一个人通过长期的实践，便能够驾驭一切复杂的事物，达到顺乎自然而成功的境界。

⑪齐：通"脐"，这里指漩涡的中心。

⑫汩（gǔ）：向上涌起的水流。水流下旋直达河底，由于河床的反作用，又反向上旋涌出水面。

⑬从：顺从，按照。　不为私：指高度顺从水流的规律。

【译文】

孔子在吕梁观赏山水，瀑布高悬三十仞，水花远溅四十里，鼋鼍鱼鳖都无法游经这里。忽见一个男子跳了下去，孔子以为他是有什么痛苦而想自杀，便让他的学生顺着水流赶到下游救他。却见那人在数百步远的地方又浮了出来，披散着头发，唱着歌谣，从容地游浮到堤岸边。

孔子赶忙跟上去问他，说："我还以为你是鬼呢，仔细一看，原来你却是人。请问，你游水有什么秘诀吗？"

那人答道："没有，我没有什么秘诀。我凭着人的本能开始了我的生活，又依靠人的适应性而成长，顺乎自然而成功。和漩流一起没入水底，和涌流一道浮出水面，完全顺从水性而不任意妄为。这就是我能自如地进出急流的缘故。"

孔子又问："什么叫凭本能开始生活，靠适应性而成长，顺乎自然而成功呢？"

回答说："我出生在山地而安于山地的生活，这是固有的本能；后来在水边长大便安于水上浮游，这便养成了水性；

我不知道自己为什么能这样而结果这样，这就是顺乎自然。"

扩展阅读

衰世凑学①，不知原心反本，直雕琢其性，矫拂其情②，以与世交。故目虽欲之③，禁之以度④；心虽乐之，节之以礼；趋翔周旋，谄节卑拜⑤；肉凝而不食，酒澄而不饮⑥；外束其形，内总其德⑦；钳阴阳之和，而迫性命之情⑧；故终身为悲人。达至道者则不然，理情性，治心术；养以和，持以适；乐道而忘贱，安德而忘贫；性有不欲，无欲而不得，心有不乐，无乐而不为；无益情者不以累德，而便性者不以滑和⑨，故纵体大肆意⑩，而度制可以为天下仪⑪。

（《淮南子·精神训》）

【注释】

①衰世：衰乱的时代。　凑学：趋附错误的学说。

②矫拂：拂逆，违背。

③目虽欲之：眼睛虽然想看（五颜六色）。

④度：限制，法度。

⑤诎（qū）节卑拜：卑躬屈膝。

⑥肉凝：肉冷得凝固。　酒澄：酒放得澄清了。

⑦束：束缚。　总：困束。

⑧钳：钳制。　迫：压抑。

⑨滑：扰乱。

⑩肆意：放任自己的意念。

⑪仪：示范。

【译文】

　　近世道德衰败，人们趋附那些舍本逐末的学说，不懂得推究天性，返朴根本，只是刻意雕琢，掩饰违逆人的本性，以此来与社会交往。所以，他们眼睛本想观看五颜六色，却因为有法度禁止而不能不敢；内心虽然有所爱好，却因为有礼节制约而不敢不能；使人们只能左右趋附、上下周旋，卑躬屈膝；肉凝冻了不敢食，酒澄清了不敢喝；束缚了正常的行为举止，捆束了内在的德性；钳制阴阳二气的调和，压抑生命的真情，所以终其一生都不快乐。而通达道体的人就不是这样。他们理顺自己的性情，整理修治好自己的心术；用平和之气来保养心性，以闲适安宁来持守本性；他们乐于道而忘其贱，安于德而忘其贫；他们生性无欲，因而没有什么不能实现的；他们本心不追求快乐，因而没有什么不快乐；那些无益于本性的事他不拿来累及德性，那些不适宜纯洁天性的事他也不拿来扰乱自己内心的平和。所以通达道性的人是放松身体，舒缓意念，这种修养身性的法则可以成为天下人的示范。

点 评

　　吕梁丈夫在为孔子师徒演出惊心动魄的一幕后，又以现身说法的方式讲出了他对"蹈水之道"的深刻体会，这就是"始乎故，长乎性，成乎命"，最终达到"从水之道而不为私焉"的境界。

　　"始乎故"，是指人与生俱来的适应本能；"长乎性"，是指能够依靠这种适应性而在任何后天环境下成长；"成乎命"，是说在顺乎自然规律中获得成功。人与外在环境的关系，主体与客体的互动，就在"始乎故""长乎性""成乎命"这三个层次中展开，而达到"从水之道而不为私焉"的境界，也就是进入了"成乎命"的阶段。其中的"不为私"，是指经反复实践、刻苦训练，使水性达到了完全驾驭规律的境地，因此，这种高超水性的获得也就不言而喻地肯定了实践在把握自然规律中所具有的重大意义和作用。由这则寓言看来，在庄子"同于自然"和通向自然的思想中，并不排除人的主体作用，相反他所强调的"不为私"，实际上包含着他对主客体关系、人与物关系的深刻理解。

　　如果违反了人的本性，作茧自缚，不但生活变得无味，内心也会愁苦不已。体悟了顺应自然、顺应人性的道理，于人于己都有莫大益处。

"以瓦注者巧，以钩注者惮"中的秘密

颜渊问仲尼曰①："吾尝济乎觞深之渊，津人操舟若神②。吾问焉，曰：'操舟可学邪？'曰：'可。善游者数能③。若乃夫没人④，则未尝见舟而便操之也⑤。'吾问焉而不吾告⑥，敢问何谓也？"

仲尼曰："善游者数能，忘水也⑦。若乃夫没人未尝见舟而便操之也，彼视渊若陵⑧，视舟之覆犹其车却也。覆却万方陈乎前而不得入其舍⑨，恶往而不暇⑩？以瓦注者巧⑪，以钩注者惮⑫，以黄金注者殙⑬。其巧一也，而有所矜⑭，则重外也。凡外重者内拙⑮。"

（节选自《达生》）

【注释】

①颜渊：孔子的弟子。

②操舟：驾船。

③数能：很快就会。数，通"速"，很快。

④没人：能潜水的人。

⑤便：轻巧。全句是说，平时未见过船，一旦见到就能轻巧驾船。

⑥不吾告："不告吾"的倒装。

⑦忘水：不把水放在心上的意思。指熟悉水性，对水已不

恐惧。

⑧陵：山陵。

⑨舍：指心。

⑩恶（wū）：何，疑问代词。

⑪注：赌注。

⑫钩：指衣带上铜钩一类的用品。

⑬殙（hūn）：同"昏"，心里昏乱。

⑭矜（jīn）：矜持，这里是爱惜的意思。

⑮内拙：指内心有所顾忌，所以就笨拙了。

【译文】

颜渊问孔子说："有一次我从觞深那个渡口经过，那摆渡的人驾船的技巧妙极了。我问道：'驾船可以学会吗？'他回答说：'可以。会游泳的人很快就可以学会。至于那些会潜水的人，即使从未见过船，一旦见到，便能够轻巧地驾驶。'我再问他为什么，他就不告诉我了，请问他的话到底是什么意思呢？"

孔子说："会游泳的人很快就会驾船，是因为他熟悉了水性，对水不恐惧。至于那会潜水的人从未见过船也能轻巧驾驶，那是因为他把深渊看做陆地上的小土丘一般，看待翻船如同车子在坡路上打滑倒退几步。即使翻船退车万种险情出现在面前，他都能镇定自若，不会心慌意乱，到哪里不能保持从容的心态呢？一个赌博的人，用瓦块当赌注的时候，赌起来没有负担，心思灵巧；用铜钩作赌注的时候，心中便有所顾忌；用黄金作赌注的时候，赌输的恐惧会使他心神昏乱。赌的技巧本来是一样的，但是由于心里有了负担，表现出来的技巧就大不一样，这就是看重外物的结果。凡是看重外在之物的人，内心一定是笨拙的。"

扩展阅读

　　列御寇为伯昏无人射[①]，引之盈贯[②]，措杯水其肘上[③]，发之，镝矢复沓[④]，方矢复寓[⑤]。当是时也，犹象人也[⑥]。伯昏无人曰："是射之射，非不射之射也。当与汝登高山[⑦]，履危石，临百仞之渊[⑧]，若能射乎？"于是无人遂登高山，履危石，临百仞之渊，背逡巡[⑨]，足二分垂在外[⑩]，揖御寇而进之[⑪]。御寇伏地，汗流至踵[⑫]。伯昏无人曰："夫至人者，上窥青天，下潜黄泉[⑬]，挥斥八极[⑭]，神气不变。今汝怵然有恂目之志[⑮]，尔于中也殆矣夫！

（《列子·黄帝》）

【注释】

①伯昏无人：古代传说中的人物。伯昏为复姓。

②引：拉。 盈贯：拉弓至极限。

③措：放。

④镝（dí）矢复沓（tà）：后一支箭的箭头与前一支箭的箭尾几乎重合，形容动作之敏捷。镝矢，箭头。沓，重合。

⑤方矢复寓：前一支箭刚射出，后一支箭已放上弓弦，形容动作之敏捷。寓，寄寓。

⑥象人：木偶、泥俑之类，因其像人而非人，故称象人。

⑦当：倘若。

⑧百仞：七尺为仞，指七百尺。

⑨背逡（qūn）巡：背着深渊往后退。逡巡，退却。

⑩二分：三分之二。

⑪揖：拱手为礼。

⑫踵（zhǒng）：脚后跟。

⑬黄泉：地下的泉水，指阴间。

⑭挥斥：奔放。 八极：八方，是四方（东、南、西、北）四隅（东南、东北、西南、西北）的总称。

⑮怵（chù）然：恐惧的样子。 恂（xún）目之志：因恐惧而眼花。恂，恐惧。

【译文】

　　列御寇为伯昏无人表演射箭。他拉满了弓，把装满水的杯子放在拿弓的手肘上，然后射出箭去，一箭连着一箭，前一箭刚射出，后一箭已拉满弦。在这个时候，他全神贯注，像木偶一样一动也不动。伯昏无人说："你这是有心的射箭，而不是无心的射箭。如果我和你登上高山，走在摇晃的岩石上，面临着万丈深渊，你还能射吗？"于是伯昏无人便领他登上高山，走在摇晃的岩石上。当临近万丈深渊时，他背对着深渊往后退，双脚已有三分之二悬空了，才拱手作揖，请列御寇上来。列御寇早已吓得趴倒在地，汗水流到了脚后跟。伯昏无人说："道术最高的人，朝上能看到青天，向下能潜入黄泉，他遨游八方，精神和真气都不会改变，现在你全身发抖，眼睛发花，心中十分恐惧，你的这种心理也太糟糕了！"

点 评

技巧与技能都要经过反复学习、长期实践、总结经验，最终才能娴熟地掌握。但是"娴熟地掌握"，就能够次次都充分发挥吗？贝利、马拉多纳这些著名的超级球星，在关系胜负的关键时刻都有"临门一脚"大失水准的表现；更令人痛惜的是：身怀绝技的杂技演员华伦达原本有一双在钢索上如履平地的脚，但是他却在一次重要的表演中失足殒命。这类事例实在太多，可见，平日熟练地掌握，有时却难以充分地发挥，甚至留下遗憾和痛惜。这是为什么？

睿智的庄子在这则寓言中可以说回答了上面的问题：当一个博弈者用瓦片做赌注的时候，他的技艺就能够发挥得淋漓尽致；当他用铜钩做赌注的时候，他的心理负担就开始影响技艺的正常发挥；而当他用黄金做赌注的时候，胜负的结果就使他的心在颤抖，岂有不败之理？庄子所讲的故事与球星临门一脚的大失水准，华伦达在重要表演中的失足殒命，在事类上是相似的，在道理上是相通的。庄子发现了"以瓦注者巧，以钩注者惮，以黄金注者殙"的原因，也预先提示出"名人"失败的秘密："凡外重者内拙。"

一个人做事太看重结果，心里太紧张，意念太集中，反而会将平素可以轻松做好的事情搞糟。庄子把它叫做"有所矜"——矜惜得失；现代心理学将这种现象叫做"目的颤抖"。

太想踢进球的脚在颤抖，太想在竞技中胜出的心在颤抖。华

与『道』合契的竞技艺术

伦达的脚在钢索上走过千百次，但是，过分在意得失硬是使他的双脚失去了平衡，华伦达失足殒命的悲剧和由这悲剧而定义的著名的"华伦达心态"，印证了庄子"凡外重者内拙"的论断是多么富含智慧！

  同样，对于外在环境的恐惧，也会使本来纯熟的技巧变得拙劣不堪，这就是心中的杂念使你的心神手脚一起颤抖的缘故。

"梓庆为镶" 的虚静状态

　　梓庆削木为镶①，镶成，见者惊犹鬼神②。鲁侯见而问焉，曰："子何术以为焉？"

　　对曰："臣工人，何术之有！虽然，有一焉。臣将为镶，未尝敢以耗气也，必齐以静心③。齐三日，而不敢怀庆赏爵禄；齐五日，不敢怀非誉巧拙；齐七日，辄然忘吾有四肢形体也④。当是时也，无公朝，其巧专而外骨消⑤；然后入山林，观天性形躯⑥，至矣⑦，然后成见镶⑧，然后加手焉⑨；不然则已。则以天合天⑩，器之所以疑神者，其由是与！"

（节选自《达生》）

【注释】

①镶（jù）：通"虡"，悬挂钟磬等乐器的木架，刻有鸟兽神怪等装饰图案。

②鬼神：指鬼神所作，如同说鬼斧神工。

③齐：同"斋"，斋戒，即自我修省，屏除杂念，使内心明净。下同。

④辄然：独立超脱的神态。

⑤外骨消：骨，通"滑"，扰乱。意思说，外界一切干扰消失了。

⑥天性形躯：指自然鸟兽的形态动作。

与『道』合契的竞技艺术

⑦至矣：指已有所获。

⑧成见镶：指心目中展现出一个完整的镶。见，同"现"。

⑨加手：动手制作。

⑩以天合天：这里指使自己的自然心性契合鸟兽的自然
　　形神。

【译文】

　　梓庆砍削木头做镶，做成后，看见的人都惊讶它有如鬼斧神工。鲁国国君见了梓庆便问道："你凭什么妙法做成这个镶呢？"

　　梓庆回答说："我只是一个工匠，哪有什么妙法！不过，有这么一点我可以说说。我在做镶之前，从来不敢耗损精神，一定要斋戒让心神宁静。斋戒到第三天，内心便不敢怀有领取赏赐爵禄的念头；斋戒到第五天，便把他人一切有关毁誉巧拙的议论不放在心上了；斋戒到第七天，有一种超然之感，连自己还有四肢形体也忘掉了。在这个时候（进入了这样一种状态），一切朝廷之事都忘记了，我的技巧高度专一而外界的任何干扰都消失了。然后我才进入山林，细心观察大自然中鸟兽的天然情状，一旦达到心有所得，在我的眼前便展现出一个完整的（饰有鸟兽图形的）钟磬架子，然后才动手制作；不然便不动手。这就是以我的自然心性去契合鸟兽的自然神形，制成的器物被惊疑为鬼斧神工，恐怕就是这个缘故！"

扩展阅读

是故达于道者，反于清净；究于物者，终于无为。以恬养性，以漠处神，则入于天门。所谓天者，纯粹朴素，质直皓白，未始有也杂糅者也。所谓人者，偶差智故，曲巧伪诈，所以俛仰于世人而与俗交者也①。

（《淮南子·原道训》）

【注释】

①俛（miǎn）仰：俯视和仰望。此处指代曲意逢迎他人。

【译文】

所以通达"道"的人，必返于清净的天性；探究事物本性的人，必归顺自然无为。以恬静养性，用淡漠修神，就能进入天然的境界。所谓"天然"，是指纯粹朴素，质真洁白，没有掺入杂质。所谓"人为"，是指参差不正，虚伪奸诈，以此曲意逢迎而与世人交往。

点 评

"梓庆为镰"，描述的乃是一种艺术创作的全过程，它凝聚了艺术实践所积累的宝贵经验，这里有两点需要特别提出：首先，艺术家在艺术创作之前的一段时间，就要在精神与心理上逐渐进入一种高度宁静和谐的状态，不仅要抛掉赏赐荣进之心，毁誉巧拙之虑，甚至超越到连自己的存在都忘掉了，这就是所谓"物我两忘"的境界。在这种境界中，来自外在与内在（物与我）的一切干扰，都纷纷被排除了，不仅使技巧能够在心志高度专一的情况下得以施展和发挥，而且，也因精神上处于虚静澄明的状态，更有利于大脑平时所储备的各种信息的骤然"接通"，产生所谓"妙悟"，进而和审美感知发生联系。这个阶段之后，便进入了"以天合天"的创作过程，这就是以自己"静心"得来的自然心性去观照万物之情性，从而在心目中出现"成见镰"这样的形象思维，然后才动手操作，在"外师造化，中得心源"中使作品达到"工巧若神"的境地。以上两点，概括了很多艺术家普遍认同的创作感悟，有趣的是，这"外师造化，中得心源"的经验居然在"梓庆为镰"中得到了明确的揭示。

另外，与人相处，存身于世，同样要符合这种自然的清净天性，如果刻意造作，就难免让人觉得虚伪，自己也觉得疲惫了。

纪渻子养斗鸡的修养功夫

纪渻子为王养斗鸡①。

十日而问："鸡已乎②？"曰："未也。方虚憍而恃气③。"

十日又问。曰："未也。犹应向景④。"

十日又问。曰："未也。犹疾视而盛气⑤。"

十日又问。曰："几矣。鸡虽有鸣者，已无变矣⑥。望之，似木鸡矣，其德全矣⑦。异鸡无敢应者，反走矣。"

（节选自《达生》）

【注释】

①纪渻（shěng）子：人名，姓纪，名渻子。古代有斗鸡的游戏，使鸡相斗以观赏取乐，犹如后来的斗蟋蟀之类。

②已：完毕，完成了某件工作，这里指驯鸡完毕，可以相斗。

③虚憍（jiāo）：无其实而自傲。憍，同"骄"。 恃气：自负傲气。

④向景：响应声，影随形，相互不可分离。此句是说驯养的这只斗鸡，一听到或看见其它鸡，立即就暴怒起来要去争斗，这种反应就像回声反应音响，影子反应形体一样。向，通"响"。景，通"影"。

⑤疾视：顾盼疾速，指怒目而视。 盛气：傲气十足。

⑥几：近，差不多。 变：变化，指听到或看见别的鸡时，

毫不惊惧。

⑦德全：是说鸡的性情已经修炼成熟。

【译文】

　　纪渻子替国王驯养斗鸡。

　　过了十天，王问道："鸡驯好了吗?"答道："不行，正浮躁骄傲而仗气呢。"

　　过了十天，王又问。他回答说："不行，它听见别的鸡啼叫就应和，看见别的鸡扑来就应战。"

　　过了十天，王又问。他回答说："还不行。它看见别的鸡还怒目而视，且气焰很盛。"

　　过了十天再问他。这时纪渻子答道："差不多了。它听到别的鸡在周围鸣叫，神色毫无变化了。走向前去一看，就像一只木鸡，它的性情已经修炼成熟了。别的鸡没有敢与它应战的，见到它转身就逃跑了。"

简文帝疾笃①，温上疏荐安宜受顾命②。及帝崩，温入赴山陵③，止新亭④，大陈兵卫，将移晋室，呼安及王坦之⑤，欲于坐害之。坦之甚惧，问计于安。安神色不变，曰："晋祚存亡⑥，在此一行。"既见温，坦之流汗沾衣，倒执手版⑦。安从容就席，坐定，谓温曰："安闻诸侯有道，守在四邻，明公何须壁后置人邪⑧？"温笑曰："正自不能不尔耳。"遂笑语移日。坦之与安初齐名，至是方知坦之之劣。温尝以安所作简文帝谥议以示坐宾⑨，曰："此谢安石碎金也⑩。"

（《晋书·谢安列传》）

【注释】

①简文帝：东晋皇帝，为桓温所立。　疾笃：病势沉重。

②温：指桓温，东晋时权臣，时有篡位之心。　安：指谢安，东晋名相，出身世家。　顾命：《尚书》的篇名，取临终遗命之意。后称帝王临终前的遗诏为顾命。

③山陵：帝王的坟墓。

④新亭：位于长江边，是南朝时代建康（今江苏南京）的西南要塞。

⑤王坦之：东晋大臣，出身世家。

⑥祚（zuò）：国运。

⑦手版：即笏（hù）。古时大臣朝见时，用以指画或记事的狭长板子。

⑧明公：旧时对有名位者的尊称。

⑨谥（shì）议：古代帝王、贵族、大臣、士大夫等死后，礼官评议其生平事迹来拟定谥号，奏请钦定，称为"谥议"。

⑩谢安石：即谢安，字安石。古人以字相称表示礼貌。　碎金：比喻精美简短的诗文。

【译文】

东晋简文帝病势沉重，桓温上疏推荐谢安可以接受帝王的临终遗诏。皇帝驾崩后，桓温入朝赴皇帝的陵墓，在新亭停下了脚步，大举陈兵，想要篡夺晋室皇位，并召唤谢安和王坦之，想要在座中将他们杀害。王坦之很害怕，向谢安问计。谢安神色不变，说："晋国的存亡，就在我们此行。"见到桓温后，王坦之汗流湿衣，紧张得手板都拿倒了。谢安则从容入席，坐定后，对桓温说："我听说诸侯有道，应防守四方邻国，您何须在墙后埋伏人呢？"桓温笑着说："我正是不能不这样。"于是笑谈了很久。王坦之最初与谢安齐名，至此人们才知道王坦之要差许多。桓温曾经拿谢安写的简文帝谥议给座中宾客看，说："这是谢安石的小杰作。"

点 评

"呆若木鸡"决不是丧失斗志，而是彻底除掉浮躁骄满之气后的一种锋芒内敛。谢安临危不乱，能够很好地稳住自己的情绪，并凭借自己的气度和风范征服了傲气十足、杀气腾腾的桓温，这也是修养和境界达到一定程度的体现。曾被誉为"围棋世界第一人"的李昌镐，有着"石佛"的绰号，无论是"石佛""木鸡"还是谢安，都能收敛锋芒，蓄势待发。在竞技或竞艺场上，一个不能除掉浮躁骄傲之气的人注定要败下阵来，一个不能控制自己情绪的人，也不可能成为最后的胜利者。"笑到最后的人"，比不过不动声色、冷静到"终局"的人。竞艺与修养，内力与外力，水平与境界，二者是密不可分的。明白这个道理的人很多，但真能做到的却非常少。

海阔天高的境界抱负

大鹏的凌飞与鸠鸟的腾跃

北冥有鱼①，其名为鲲②。鲲之大，不知其几千里也。化而为鸟，其名为鹏。鹏之背，不知其几千里也。怒而飞③，其翼若垂天之云④。是鸟也，海运则将徙于南冥⑤。南冥者，天池也⑥。

《齐谐》者⑦，志怪者也⑧。《谐》之言曰："鹏之徙于南冥者，水击三千里⑨，抟扶摇而上者九万里⑩，去以六月息者也⑪。"野马也⑫，尘埃也，生物之以息相吹也⑬。天之苍苍，其正色邪⑭？其远而无所至极邪？其视下也，亦若是则已矣⑮。

且夫水之积也不厚⑯，则其负大舟也无力⑰。覆杯水于坳堂之上⑱，则芥为之舟⑲；置杯焉则胶⑳，水浅而舟大也。风之积也不厚，则其负大翼也无力。故九万里则风斯在下矣㉑。而后乃今培风㉒，背负青天而莫之夭阏者㉓，而后乃今将图南。

蜩与学鸠笑之㉔，曰："我决起而飞㉕，抢榆枋㉖，时则不至㉗，而控于地而已矣㉘，奚以之九万里而南为㉙？"适莽苍者㉚，三餐而反㉛，腹犹果然^㉜；适百里者，宿舂粮^㉝；适千里者，三月聚粮。之二虫又何知^㉞！

小知不及大知^㉟，小年不及大年^㊱。奚以知其然也？朝菌不知晦朔^㊲，蟪蛄不知春秋^㊳，此小年也。楚之南有冥灵者^㊴，以五百岁为春，五百岁为秋；上古有大椿者^㊵，以八千岁为春，八千岁为秋，此大年也。而彭祖乃今以久特闻^㊶，众人匹之^㊷，不亦悲乎？

（节选自《逍遥游》）

【注释】

①北冥：北方之大海。冥，后来写作"溟"。下文"南冥"之"冥"同。

②鲲（kūn）：古代传说中的大鱼。

③怒：奋发，用力。

④垂天：即"天陲"。垂，通"陲"，边际。

⑤海运：指海风动。

⑥天池：大自然的水池。

⑦《齐谐》：书名。

⑧志：记述，记载。

⑨水击：即水激，指大鹏鸟的翅膀激水而腾起。

⑩抟（tuán）：环绕着向上飞翔。　扶摇：大旋风。

⑪六月息：六月的大风。息，气息，指风。

⑫野马：春天山林沼泽之上的浮游之气，蒸腾如奔马，所以叫"野马"。

⑬生物：指一切有生命的东西。　息：指风。此句是说天地间一切活动之物，都由风相吹而动。

⑭正色：本色，固有之颜色。

⑮则已：而已。

⑯积：蓄积。　厚：深广。

⑰负：负载。

⑱坳（ào）堂：堂上低洼之处。

⑲芥：小草。

⑳胶：粘住，指因水浅贴住地面不能浮动。

㉑斯：乃，就。

㉒乃今：乃即。　培：凭，培风即乘风。

㉓莫之夭阏（è）：即没有什么力量能够阻遏。夭阏，阻拦。

㉔蜩（tiáo）：蝉。　学鸠：一种小鸟名。

㉕决起：尽力而飞。

㉖抢（qiāng）：触撞。　榆枋（fāng）：榆树和檀树。

㉗时则：时或。　不至：指飞不到树上。

㉘控：投落。

㉙奚以：为什么。　之：往。

㉚适：往。　莽苍：郊野的景象，这里代指郊野。

㉛三餐：指抓三团饭吃。　反：同"返"。

㉜果然：形容腹饱。

㉝宿春（chōng）粮：春一宿之粮。"春"字倒装在下。

㉞之二虫：此二虫，指蜩与学鸠。

㉟知：同"智"，智慧，聪明。

㊱年：年寿。

㊲朝菌：一种生长在木上的菌类，朝生暮死。　晦朔：指一日的阳光。晦，夜里。朔，早晨。

㊳蟪蛄（huì gū）：寒蝉，春生夏死，夏生秋死，所以不知一年有春秋之分。

㊴冥灵：传说中的灵龟，寿命极长。

㊵大椿：传说中的古树。

㊶彭祖：传说中的长寿之人。　久：指长寿。　特闻：特别闻名。

㊷匹：相比附。

【译文】

北海有一条巨鱼，它的名字叫做鲲。鲲的体积之大，不知道有几千里。变化而成巨鸟，它的名字叫做鹏。鹏的巨大脊背，也不知有几千里。奋翅而飞，它的翅膀就像天边的云。这只鸟，当海动风起时就迁飞到遥远的南海。那南海是个天然的大池。

《齐谐》这部书，是记载怪异之事的书。《齐谐》上说："当鹏迁飞南海的时候，激起浪花三千里，然后环绕着大旋风而直上九万里高空，它是乘着六月海动而起的大风飞离的。"野马般的雾气，空中的游尘，各种活动的生物都是被风吹荡而运动的。天空苍苍茫茫，那是它的本色吗？它的高远深邃是没有尽头的吗？大鹏从高空看下面，就是这样的景象。

再说，水若积聚不深厚，那么它负载大船就没有足够的浮力。把一杯水倒在堂前的洼地，那么放进一根小草便可当作船而浮起；倘若放上一个杯子，那就要被粘住，这是水浅而"船"大的缘故。如果风力积聚得不强劲，那么它承负鹏的巨大翅膀就没有力量。所以，大鹏只有飞上九万里的高空，大风才能积聚在它的身下。然后才能乘着风力，背负青天，再没有什么可阻遏它，然后才飞往南海。

蝉和小鸠却讥笑大鹏，说："我们用尽气力飞了起来，撞到榆树、檀树梢头，有时或许还飞不到，便投落到地上也就算了，为什么要到九万里的高空再往南飞呢？"到郊野去的人，只要吃下三团饭出行，回来后肚子仍然很饱；到百里之远的地方去，头天晚上便要备好干粮；到千里之遥的远方，就需要出行前三个月备集干粮。蝉和小鸠这两只虫鸟又知道什么！

小智不会了解大智，短寿不能了解长寿。怎么知道是这样呢？那朝生暮死的菌虫就不懂得早晚之分；那春生夏死、夏生秋死的寒蝉就不知道什么是一年的时光，这些就是"小年"。楚地的南方有一只灵龟，它以五百年为一个春季，五百年为一个秋季；荒古时代还有一棵大椿树，它更以八千年为一个春季，八千年为一个秋季，这就是"大年"。但现今世人只知道有个彭祖以长寿而闻名，一说到长寿大家都拿他来比配，这岂不是太可悲了吗？

扩展阅读

陈涉少时，尝与人佣耕，辍耕之垄上，怅恨久之，曰："苟富贵，无相忘。"庸者笑而应曰："若为庸耕，何富贵也？"陈涉太息曰："嗟乎，燕雀安知鸿鹄之志哉①！"

（《史记·陈涉世家》）

①鸿鹄（hú）：即天鹅。因飞得很高，所以常用来比喻志向
　远大的人。

【译文】

　　陈涉年轻时，曾同别人一道被人家雇佣耕地。有一次他
停止耕作走到田畔高地上休息，因失意而叹恨了好久，说：
"如果有一天富贵了，彼此都不要忘记啊。"雇工们笑着回
答："你是被雇佣耕地的人，哪里谈得上富贵呢？"陈胜长叹
一声，说："唉，燕雀怎么知道鸿鹄的志向呢！"

点　评

　　此段为《庄子·逍遥游》的首段，充分显示了庄子哲学思维
开阔、想象丰富、气势雄浑、境界宏大、行文恣肆的特点。

　　在天高海阔的浩瀚背景中，一只大鲲化为巨鹏，展开它那遮
天蔽日的巨大翅膀，水击三千里，扶摇直上九万里，由北海向遥
远的南海飞迁，由此形成的形象、意象和境界是何等的令人心胸
开阔，意气昂奋啊！

　　大鹏能够壮飞、远徙，不仅仅在于它有"图南"的远大志向，
还在于它凭借了翼下厚积着的强劲风力。"水之积也不厚，则其负
大翼也无力"，这就是"积厚"的重要意义和普遍价值。不树立高
远的志向，就没有"积厚"的动力，而没有"积厚"的努力，也
就无法实现远大的志向。大鹏凭借翼下巨大风力而凌飞的形象，
说明的正是这个道理。

　　与大鹏的壮飞形成鲜明对照的是蜩与学鸠可笑的态度。这两
只虫鸟自我满足于榆、枋上下的腾跃，讥笑大鹏海天万里的壮飞，
活现出"小知不及大知"的封闭、浅薄、猥琐相，着实可笑又可

海阔天高的境界抱负

悲。读过庄子此段文字的人，怎能不以大鹏自勉，立高远之志，蓄"积厚"之力，行壮飞之举？岂甘做蜩与学鸠之辈，以跳跃于榆枋间为快乐、为满足？

　　陈胜与同为佣工者的对话也是这样，一个立志高远，一群甘为佣耕。于是，陈胜青史留名，其他人却销声匿迹了。

坎井之蛙与东海之鳖的不同世界

坎井之蛙谓东海之鳖曰①："吾乐与②！出跳梁乎井干之上③，入休乎缺甃之崖④；赴水则接腋持颐⑤，蹶泥则没足灭跗⑥。还虷蟹与蝌蚪⑦，莫吾能若也；且夫擅一壑之水⑧，而跨跱坎井之乐⑨，此亦至矣。夫子奚不时来入观乎？"

东海之鳖左足未入，而右膝已絷矣⑩。于是逡巡而却⑪，告之海曰："夫千里之远，不足以举其大；千仞之高，不足以极其深。禹之时，十年九潦而水弗为加益；汤之时，八年七旱而崖不为加损。夫不为顷久推移，不以多少进退者，此亦海之大乐也！"

于是坎井之蛙闻之，适适然惊⑫，规规然自失也⑬。

（节选自《秋水》）

【注释】

①坎（kǎn）井：浅井。

②与：语气词。在此相当于现代汉语的"啊"。

③跳梁：跳跃。　井干：井栏。

④缺甃（zhòu）：残破的井壁。甃，井壁。

⑤接腋持颐：青蛙入水时，水充两腋，面部则浮在水上。腋，夹肢窝。颐，面颊。

海阔天高的境界抱负

⑥蹶（jué）：踏，踩。 跗（fū）：同"趺"，脚背。

⑦还：环视。 虷（hán）：井中的小虫，俗称孑孓（jié jué），蚊子的幼虫。

⑧擅：独占。

⑨跨跱（zhì）：叉开腿立着。

⑩絷（zhí）：绊住。

⑪逡（qūn）巡：欲进不进，迟疑不决的样子。

⑫适适（tì）然：同"惕惕"，惊讶恐惧的样子。

⑬规规然：不知所措的样子。

【译文】

住在浅井里的青蛙对东海的大鳖说："我真快活啊！出来活动，就可以在井栏之上蹦蹦跳跳；进去休息，就回到井壁的破砖之间。入水而游，水架着我的两腋，托着我的下巴；踏入泥中，深泥只能淹没我的脚背。环视那些孑孓、螃蟹和蝌蚪，有谁比得上我呢；况且我独占这一坑子水，又开腿站在浅井里所感受到的乐趣，也可以算是达到极点了。先生，您为什么不经常到我这里看看呢？"

东海大鳖的左脚还没踏进浅井，右腿的膝盖就被绊住了。于是犹豫了一阵只好退出来，把大海的情况告诉它说："千里的遥远，不足以表述它的广大；千丈的峻高，不能穷究它的幽深。夏禹时候，十年九涝而海水不显得增多；商汤时候，八年七旱而海水不显得减少。不因时间的长短而改变，也不因雨量的多少而增减，这就是住在东海的最大快乐！"

浅井里的小青蛙听了这一番话，惶惶不安，手足无措，茫茫然像失了魂一样。

扩展阅读

（超）家贫，常为官佣书以供养。久劳苦，尝辍业投笔叹曰："大丈夫无它志略，犹当效傅介子、张骞立功异域，以取封侯，安能久事笔研间乎^②？"左右皆笑之。超曰："小子安知壮士志哉！"其后行诣相者，曰："祭酒③，布衣诸生耳，而当封侯万里之外。"超问其状。相者指曰："生燕颔虎颈④，飞而食肉，此万里侯相也。"

（《后汉书·班超列传》）

【注释】

①傅介子：汉昭帝时出使西域，刺杀楼兰王，封义阳侯。

张骞：汉武帝时凿空开西域，封博望侯。

②研：通"砚"。

③祭酒：对人的尊称。

④颔（hán）：下巴。

【译文】

（班超）家里很贫困，常为官府抄书，以其所得来供养母亲。他长时间工作劳苦，曾放下工作扔下笔叹道："大丈夫没有其他壮志大略，也应该效法傅介子、张骞，立功于异域，以此封侯，怎么能长久从事抄写工作呢？"同事们都取笑他。班超说："小子们怎么知道壮士的志气！"后来，他到看相的那里去看相，看相的说："先生，您是布衣之士，可是将来必定封侯于万里之外。"班超向其询问情况。看相的说："你下巴如燕，颈脖如虎，能飞又能吃肉，这是万里侯的面相啊。"

点 评

坎井之蛙与东海之鳖各有不同的天地，但坎井之蛙居然向东海之鳖炫耀自己狭小的天地，真是可笑之至！坎井之蛙古代有，现代也有。一切小有所成便沾沾自喜、自鸣得意的人，都可能在思维与认识上走进"坎井"，成为见笑于东海之鳖的井蛙。班超的同事们无法理解他的慨叹，他们满足于为人抄书的现状，嘲笑班超的封侯之志，两者之间的鸿沟，便如同坎井之蛙与东海之鳖一般。

任公子钓大鱼的气魄和毅力

　　任公子为大钩巨缁①，五十犗以为饵②，蹲乎会稽③，投竿东海，旦旦而钓，期年不得鱼。已而大鱼食之，牵巨钩，錎没而下④，骛扬而奋鬐⑤，白波若山，海水震荡，声侔鬼神⑥，惮赫千里⑦。任公子得若鱼⑧，离而腊之⑨，自制河以东⑩，苍梧已北⑪，莫不厌若鱼者⑫。已而后世辁才讽说之徒⑬，皆惊而相告也。夫揭竿累⑭，趣灌渎⑮，守鲵鲋⑯，其于得大鱼难矣！饰小说以干县令⑰，其于大达亦远矣⑱。是以未尝闻任氏之风俗⑲，其不可与经于世亦远矣⑳。

（节选自《外物》）

【注释】

①缁（zī）：黑丝绳。

②犗（jiè）：阉割过的牛。

③会（kuài）稽：山名，在今浙江绍兴南。

④錎：同"陷"，指大鱼牵着钓钩没入水中。

⑤骛（wù）扬：奔驰。　鬐（qí）：鱼鳍。

⑥侔（móu）：等同。

⑦惮赫：惊惧。

⑧若：此。

⑨离：分割。　腊（xī）：晾干，摆放在阴凉的地方让风

吹干。

⑩制河：灂河，即浙江，今称钱塘江。

⑪苍梧：山名，在岭南，传说为舜葬之地。　已：同"以"。

⑫厌：饱食。

⑬辁（quán）才：浅陋之才。　讽说：道听途说。

⑭揭：扛着。　累：钓鱼用的丝线。

⑮趣：同"趋"，赴。　灌渎：小灌溉沟渠。

⑯鲵鲋（ní fù）：泛指小鱼。

⑰小说：浅薄的学说，即上文的"辁才"。　干：求。　县令：指高名令闻，嘉名美誉。县（xuán），同"悬"，高。令，善，美好。

⑱大达：指通达一切事理的最高思想境界。

⑲风俗：风度气魄。

⑳与：参与。　经：治理。

【译文】

任公子制作了一个巨大的钓钩，系上粗而长的黑丝绳，用五十头阉割过的肥牛作钓饵，蹲在会稽山上，甩动钓竿把钓钩投入东海，天天下钩，整整一年也没有钓上鱼。过后不久，一条大鱼吞下了钓饵，牵拉大钩沉入海底，四处奔窜，昂头摆尾，张起鱼鳍，搅得海面白浪如山，水波震荡，涛声犹如鬼哭神号，千里之内，人们被吓得胆战心惊。任公子钓到这条鱼，把它剖开晾成鱼干，自浙江以东，苍梧以北，所有的人都饱餐了一顿鱼肉干。不久后，那些才智短浅、喜好道听途说的人，都惊奇地奔走相告。那些扛着小竿细绳，跑到小沟浅渠边，等着小鱼上钩的人，要他们来钓取大鱼是太难了！那些文饰其浅薄之学而企求高名美誉的人，他们和大智的距离实在是太远了。所以未曾领教过任公子这样风度气魄的人，是不可让他们参与经邦治世的，那差距真是太大了。

扩展阅读

　　太行、王屋二山①，方七百里，高万仞②。本在冀州之南③，河阳之北④。北山愚公者，年且九十，面山而居。惩山北之塞⑤，出入之迂也⑥。聚室而谋曰："吾与汝毕力平险，指通豫南⑦，达于汉阴⑧，可乎？"杂然相许⑨。其妻献疑曰："以君之力，曾不能损魁父之丘⑩，如太行、王屋何？且焉置土石？"杂曰："投诸渤海之尾，隐土之北⑪。"遂率子孙荷担者三夫，叩石垦壤，箕畚运于渤海之尾⑫。邻人京城氏之孀妻有遗男⑬，始龀⑭，跳往助之。寒暑易节，始一反焉。河曲智叟笑而止之曰："甚矣，汝之不惠⑮。以残年余力，曾不能毁山之一毛，其如土石何？"北山愚公长息曰："汝心之固，固不可彻，曾不若孀妻弱子。虽我之死，有子存焉；子又生孙，孙又生子；子又有子，子又有孙；子子孙孙，无穷匮也⑯，而山不加增，何苦而不平？"河曲智叟亡以应⑰。操蛇之神闻之⑱，惧其不已也，告之于帝。帝感其诚，命夸娥氏二子负二山，一厝朔东⑲，一厝雍南⑳。自此，冀之南，汉之阴，无陇断焉㉑。

（《列子·汤问》）

【注释】

①太行、王屋二山：太行山位于今山西省同河北、河南两省的交界地区。王屋山在今山西阳城西南一带。

②仞（rèn）：古代的计量单位。

③冀州：古九州之一，包括今河北、山西两省，河南省黄河以北及辽宁省辽河以西地区。

④河阳：黄河北岸。山的南面和水的北岸称为阳。

⑤惩（chéng）：苦于，为……所苦。

⑥迂：迂曲，绕远路。

⑦豫：古九州之一，今河南一带。

⑧汉阴：汉，水名，主干在湖北，流入长江。阴，水的南岸和山的北面称为阴。

⑨杂然：纷纷的样子。

⑩曾（céng）：连……也……   魁父：小山名。

⑪隐土：古代传说中的地名。

⑫箕畚（jī běn）：运土的筐，此处当动词用，用箕畚装土石。

⑬孀（shuāng）妻：寡妇。   遗男：单亲孤儿，遗腹子。

⑭龀（chèn）：儿童换齿，这里表示年龄，七八岁。

⑮惠：通"慧"，聪明。

⑯穷匮（kuì）：竭尽。

⑰亡：通"无"。

⑱操蛇之神：神话中的山神，因手中拿着蛇而得名。

⑲厝：同"措"，安置。   朔：地名，在今山西北部。

⑳雍：古九州之一，包括今陕西、甘肃二省及青海部分地区。

㉑陇断：断面高的岗垄。

【译文】

太行、王屋两座大山，方圆七百里，高七八千丈。本来在冀州的南边，黄河北岸的北边。北山脚下有个叫愚公的人，年纪将近九十岁了，面对着山居住。愚公苦于山北面道路阻塞，进进出出曲折绕远。于是愚公便召集全家人来商量说："我和你们尽全力铲平险峻的大山，使它一直通到豫州南部，到达汉水南岸，好吗？"大家纷纷表示赞同。愚公的妻子提出疑问说："凭你的力量，连魁父这座小丘都铲平不了，又能把太行、王屋这两座山怎么样呢？况且把土石放到哪里去呢？"大家纷纷说："把土石扔到渤海的边上，隐土的北面。"愚公于是带领儿子孙子和能挑担子的三个人，凿石挖土，用箕畚装土石运到渤海的边上。邻居京城氏的寡妇有一个儿子，刚七八岁，蹦蹦跳跳地去帮助他们。冬夏换季，才往返一次。河曲的智叟笑着阻止愚公说："你真是太不聪明了。凭你残余的岁月剩余的力气，连山上的一根草木都动不了，又能把泥土和石头怎么样呢？"愚公长叹一声说："你思想顽固，顽固到不能通达事理的地步，连寡妇孤儿都不如。即使我死了，还有儿子在呀；儿子又生孙子，孙子又生儿子；儿子又有儿子，儿子又有孙子；子子孙孙没有穷尽的，可是山不会增高加大，愁什么挖不平呢？"河曲智叟没有话来回答。山神听说了这件事，怕他不停地干下去，对天帝报告了这件事。天帝被他的诚心感动，命令夸娥氏的两个儿子背走了两座山。一座放在朔方东部，一座放在雍州南面。从此，冀州的南部，直到汉水的南岸，没有高山阻隔了。

❧ **点 评** ❧

"蹲乎会稽，投竿东海"，放长线，钓大鱼——志趣远大的人，不计较一朝一夕的得失，而是以宏大的气魄，超常的毅力，不懈的努力，来成就大事业，做出大贡献。这就好比"旦旦而钓"，期年不得，一朝得鱼，众人皆惊。

愚公也是这样，凭借着自己坚定的信念达成了愿望。心态浮躁、急功近利的人，如智叟之流，只能是卖弄口舌，最终一事无成罢了。

不龟手之药的大用和小用

宋人有善为不龟手之药者①，世世以洴澼絖为事②。客闻之，请买其方以百金③。聚族而谋曰："我世世为洴澼絖，不过数金，今一朝而鬻技百金④，请与之。"

客得之，以说吴王。越有难，吴王使之将⑤。冬，与越人水战，大败越人，裂地而封之。

能不龟手，一也；或以封，或不免于洴澼絖，则所用之异也。

（节选自《逍遥游》）

【注释】

①龟（jūn）手：天气严寒时手皮冻裂。龟，通"皲"。

②洴澼絖（píng pì kuàng）：在水上漂洗丝絮。洴澼，搓洗丝絮的声音。絖，絮，丝絮。

③金：古代货币单位，一金指一个单位重量的铜。

④鬻（yù）技：卖出技术，这里指卖出家传的秘方。

⑤将（jiàng）：率领军队。

【译文】

宋国有一家善于配制防治皮肤冻裂药膏的人家，世世代代靠在水上漂洗丝絮谋生。有个外乡人得知这事，请求以百金购买他们家的制药秘方。于是他们召集全家族商议，说："我家凭着这种特效药，祖祖辈辈干着漂絮的活儿谋生，所

海阔天高的境界抱负

得不过几金，现在，一旦售出这个秘方，就可得到百金，就卖给他好了。"

那个人得到了秘方，便拿去游说吴王。正赶上越国有内乱，吴王派他领兵去伐越。冬天，和越军进行水战，大败越军。吴王因此划出大片土地赏给这个献药方的人。

同样是能防治皮肤冻裂的药，有的人靠它得到封赏，有的人免不了世世代代漂洗丝絮，这就是所派用场大不相同的缘故。

扩展阅读

尝造船，其木屑竹头，侃皆令籍而掌之①，人咸不解所以。后正会②，积雪始晴，听事前余雪犹湿③，乃以木屑布地。及桓温伐蜀，又以侃所贮竹头作丁装船④。其综理微密，皆此类也。

（《资治通鉴·晋纪》）

【注释】

①侃：陶侃，东晋能臣。著名诗人陶渊明的曾祖父。
②正会：大年初一的聚会。
③听事：厅堂。
④丁：同"钉"。

【译文】

造船的时候，陶侃命人把木屑和竹头都登记后收藏起来，人们都不明白这样做的原因。后来大年初一聚会时，地面积雪，太阳刚放晴，厅堂前地面还潮湿，于是陶侃用木屑铺散地面。等到桓温伐蜀时，又用陶侃保存的竹头做成钉子装配船只。陶侃综合料理事物极其细密，都是这样。

点 评

一件事物，虽有其固有的效能，但却有大用和小用之不同，这不同的结果就缘于两种不同的思维和实践。正如同样的不龟手之药，有人用封闭、保守的态度对待它，其价值不过是世世代代可赖以从事水上漂洗丝絮的职业谋生；有人以开放的视野和创造性的思维任其效能发挥于水战，则可保护水兵的健康，增强其战斗力，从而取得一场战争的胜利。

效能相同，结果大异，关键在人，贵在创新。

木屑竹头，本是造船时剩下的边角料，而陶侃留心于此，使它们发挥了巨大的作用。世事便是如此，人所能作出的成绩，总是和他本人的视野、志向有着密切的联系。

创新超越的
学习方法

"邯郸学步"忘了走路

寿陵余子学行于邯郸①，未得国能②，又失其故行矣③，直匍匐而归④。

（节选自《秋水》）

【注释】

①寿陵：燕国地名。　余子：少年。　邯郸：赵国都城，今河北邯郸。

②国能：指赵国都城人行路的步态。

③故行：指寿陵人原来走路的步法。

④直：只。　匍匐：四肢着地爬行。

　　寿陵这个地方有个少年，特意到赵国大都市邯郸来学走路的步态，没有把邯郸人优美的步态学会，却把自己原来走路的步法忘掉了，只好爬着回去。

扩展阅读

　　及平江陵之后①，王褒入关②，贵游等翕然并学褒书③，文深之书④，遂被遐弃⑤。文深惭恨，形于言色。后知好尚难反，亦改习褒书。然竟无所成，转被讥议，谓之学步邯郸焉。

（《北史·儒林列传》）

【注释】

①江陵：又名荆州城。今为湖北荆州市和荆州区人民政府所在地。

②王褒：南北朝文学家。原是南朝梁人，西魏入侵江陵后被扣留在西魏。

③贵游：指无官职的王公贵族，也泛指显贵者。　翕（xī）然：一起，全部。

④文深：即赵文深，南北朝时期书法家。

⑤遐弃：远离。

【译文】

　　平定江陵以后，王褒入关，贵族子弟们全都学习王褒的书法，赵文深的书法却被人们忽略抛弃了。赵文深又惭愧又痛恨，在言谈和脸色上都表现出来。后来他知道风气难以改变，也改为学习王褒的书法。然而最终无所成就，反被人讥笑议论，称之为邯郸学步。

❦ 点 评 ❦

向别人学习或向外国学习，都要结合自己的情况，有取有舍，而不是生搬硬套，盲目模仿。把学习别人的优长变成了盲目模仿，这种事例不仅古代有，现代也有。更可悲的是在盲目模仿中，往往伴有"病态的自卑"。寿陵少年的"匍匐而归"，赵文深改学王褒，即来自于他们的"病态自卑"。我国在向西方学习科学技术、现代管理的过程中，也出现了一些崇洋媚外、病态自卑的"匍匐而归"者。要避免"邯郸学步"笑话的发生，需要我们在"强势文化"面前，保持清醒的头脑、分析的精神和科学的态度。

“神龟刳腹” 智不可恃

宋元君夜半而梦人被发①，窥阿门②，曰："予自宰路之渊③，予为清江使河伯之所，渔者余且得予④。"

元君觉，使人占之⑤。曰："此神龟也。"

君曰："渔者有余且乎？"

左右曰："有。"

君曰："令余且会朝⑥。"

明日，余且朝。君曰："渔何得？"

对曰："且之网得白龟焉，其圆五尺。"

君曰："献若之龟⑦。"

龟至。君再欲杀之，再欲活之，心疑，卜之。曰："杀龟以卜，吉。"

乃刳龟⑧，七十二钻⑨，而无遗策⑩。

仲尼曰："神龟能见梦于元君⑪，而不能避余且之网；知能七十二钻而无遗策⑫，不能避刳肠之患。如是，则知有所困，神有所不及也。虽有至知⑬，万人谋之。"

（节选自《外物》）

创新超越的学习方法

【注释】

①宋元君：宋国国君，谥号元。 被（pī）发：披散着

頭发。

②窥：从隐蔽处偷看。　阿（ē）门：偏侧的门。

③宰路：渊潭名，龟居住的地方。

④余且：姓余，名且，捕鱼人。

⑤占：占卜。

⑥会朝：见于朝，即朝见。

⑦若：你。

⑧刳（kū）：剖开胸腹将内脏掏空。

⑨钻：古人占卦时在龟甲上钻孔，用火烧钻孔处，看它的裂纹来定吉凶。

⑩无遗策：指没有一卦是不灵验的。遗策，策算不准。

⑪见（xiàn）梦：托梦。

⑫知：同"智"。

⑬至知：意指绝顶的聪明。

【译文】

宋元君半夜里梦见一个人披头散发，在侧门边窥视，说："我来自宰路水潭，我作为清江的使者被派往黄河之神那里去，不幸被渔父余且所捕获。"

元君醒后，令人占卦解梦。占卦人说："这是一只神龟。"

元君问道："渔夫当中有叫余且的吗？"

左右侍候的人答道："有。"

元君命令道："传余且来朝见。"

第二天，余且来朝见。元君问他道："你打鱼时捕获了什么？"

余且回答说："我用渔网捕获了一只白龟，龟背的周长有五尺。"

元君说："把你的龟献上来。"

龟献到后，元君又想杀死它，又想养活它，犹豫不定，只好卜问。卜辞说："杀龟用作占卜，吉利。"

　　于是就把龟剖杀了，在龟甲上钻了七十二个洞，卜了七十二卦，卦卦灵验。

　　孔子叹息说："神龟能够托梦给元君，却不能逃避余且的渔网；它的智力能占卜七十二次而不失算，却不能逃脱杀身破肠的灾难。由此看来，智慧也有困迫而不能应对的时候，神灵也有预料不到之事啊。一个人即便有绝顶的智慧，也敌不过众人的谋虑。"

扩展阅读

　　秦牛缺径于山中而遇盗，夺之车马，解其橐笥①，拖其衣被。盗还反顾之，无惧色忧志，欢然有以自得也。盗遂问之曰："吾夺子财货，劫子以刀，而志不动，何也?"秦牛缺曰："车马所以载身也，衣服所以掩形也，圣人不以所养害其养。"盗相视而笑曰："夫不以欲伤生，不以利累形者，世之圣人也。以此而见王者，必且以我为事也。"还反杀之。此能以知知矣，而未能以知不知也；能勇于敢，而未能勇于不敢也。凡有道者，应卒而不乏，遭难而能免，故天下贵之。今知所以自行也，而未知所以为人行也，其所论未之究者也。人能由昭昭于冥冥②，则几于道矣③。

（《淮南子·人间训》）

【注释】

①橐笥（tuó sì）：行囊。

②昭昭：明亮的样子，这里形容内心清楚明白。　冥冥：昏暗的样子，这里指代浑然天成的朴素状态。

③几：将近，差一点。

【译文】

　　秦牛缺路过一座山，遇到了一群强盗，强盗抢走了他的车马，解开他的行囊，夺走了他的衣被。强盗们离去的时候回过头来看秦牛缺，只看见秦牛缺非但没有恐惧、忧伤的神情，反而还显得很高兴的样子，有点悠然自得。于是强盗们问秦牛缺："我们抢了你的财物，用刀胁迫你，但你却面不改色心不跳，这是为什么呢？"秦牛缺回答说："车马是用来供人装载和乘骑的，衣裳是用来掩遮体形的，圣人是不会因为顾惜这些养身护身的财物而去伤害自己的身心的。"强盗们听了这番高见后相视而笑，说："这人知道不以物欲伤害身心，不为利益拖累身体，是当今的圣人。如果这样的人以这样的高论去见君王而被重用后，他必定会对我们作认真处理解决的。"于是这群强盗又折回来杀死了秦牛缺。这位秦牛缺能够凭他的智慧来显示自己什么都懂，但却不能以聪明而掩其聪明、装糊涂以避杀身之祸；这位秦牛缺能表现自己勇敢，却不能表现自己"柔弱"。凡是有道之人，都能应付仓卒事变而不会显得束手无策，遇到祸患总能化解，所以天下人都看重他。如果现在只知道自己做某事的缘由，而不知道别人做某事的缘由，知己不知彼，那么这样的人对纷繁复杂的事还远远没有研究透。人如果能由原本的明白精明进入到混沌高明的境界，那么他就离道不远了。

❦ 点 评 ❦

神龟难免剖腹之灾，证明了"知有所困，神有所不及也"的道理。在历史与现实中，"知有所困，神有所不及也"的事例并不罕见，也不奇怪，因为世上从来没有全能的智慧，更不存在洞察一切的"神明"，即使有超伦逸群的"智者""神算"一类的人物，也难免"千虑一失""百密一疏"，但是吸收"万人之谋"，就可能减少我们智慧中的偏执，从而少犯错误。如果能够达到"昭昭于冥冥"的境界，或许也可以避灾免祸吧！我们不得不为秦牛缺的遭遇感到惋惜，但心中也存有一丝疑问：如果他没有"欢然有以自得"，是否就不会死于盗贼之手了呢？

既要虚其怀，又要实其志

与物穷者^①，物入焉^②；与物且者^③，其身之不能容，焉能容人！不能容人者无亲，无亲者尽人^④。兵莫憯于志^⑤，镆铘为下^⑥；寇莫大于阴阳^⑦，无所逃于天地之间。非阴阳贼之^⑧，心则使之也。

（节选自《庚桑楚》）

【注释】

①与：待，对待。　穷：指虚空。

②入焉：指纳入"与物穷者"之胸怀。

③且：通"阻"。

④尽人：尽于人，指为人们所弃绝。

⑤兵：兵器，这里指用兵器伤害人。　憯（cǎn）：通"惨"，惨痛。

⑥镆铘：或作"莫邪"，良剑名。

⑦寇：残害人的大敌。　阴阳：指阴阳的变化。

⑧贼：害，伤害。

【译文】

以空虚的胸怀来对待外物的人，万物都将纳入他的胸怀；与外物格格不入的人，他自己尚且无处容身，又怎能容纳别人！不能容人的人没有亲近者，没有亲近者的人就自绝于人。伤害人的武器没有比心志更厉害的了，镆铘利剑还在其次；伤害人的大敌莫过于阴阳，它让你在天地之间无所逃避。其实并非阴阳在伤害你，而是你的心志未能顺应阴阳的变化而使自身受到伤害。

扩展阅读

　　天下之物，莫柔弱于水，然而大不可极，深不可测；修极于无穷，远沦于无涯；息耗减益，通于不訾①；上天则为雨露，下地则为润泽；万物弗得不生，百事不得不成；大包群生而无好憎，泽及蚑蛲而不求报②；富赡天下而不既③，德施百姓而不费；行而不可得穷极也，微而不可得把握也；击之无创，刺之不伤，斩之不断，焚之不然④；淖溺流遁⑤，错缪相纷而不可靡散⑥；利贯金石，强济天下；动溶无形之域⑦，而翱翔忽区之上⑧，邅回川谷之间⑨，而滔腾大荒之野⑩；有余不足，与天地取与，授万物而无所前后。

（《淮南子·原道训》）

【注释】

①貲（zī）：通"赀"，估量，限度。

②蚑蛲（qí náo）：小虫。

③赡：富足，足够。 既：尽。

④然：通"燃"。

⑤淖溺（nào nì）：消融。

⑥错缪（móu）：错杂。缪，缠绕。 靡散：消散。

⑦动溶：也作"动搈""动容"。动摇，摇荡。

⑧忽区：无形的样子。

⑨邅（zhān）回：徘徊。

⑩滔腾：激荡腾涌。

【译文】

　　天下的万物，没有比水更柔弱的了。然而它大到没有边际，深到无法测量；长的达到无穷无尽的地方，远的流入没有边际之中；它的生息消耗、减损增益无法计量；它蒸发上天化为雨露，降落大地滋润草木；万物得不到它就不能生存，百事缺少了它就难以办成；它滋润万物而无偏心，恩泽小虫而不求回报；它富足天下而不枯竭，德泽百姓而不耗损；它行踪不定而无法查清，细微柔软而难以把握；砍它不显痕迹，刺它不留印迹，斩它它不断，烧它它不燃；它消融流淌，错杂纷绕而不消散；它锋利得能穿刺金石，它强大得能浮载天下；它摇荡在无形之区域，游翔在迷茫之境界，徘徊在山川峡谷之中，腾涌在广袤原野之上；它的多少，全由天地来决定，它施予万物恩泽而不分先后远近。

点 评

　　有"空虚"之处，才能容纳外物，比如一间房子、一个箱子、一只袋子，因为里面有"空虚"才能住人、置家具、放物品。如果房子、箱子、袋子里面没有那个"空虚"之处，又如何能够住人、放置物品呢？这"虚能受物"的道理也适用于人的胸怀，有了"虚怀"，才能不断受纳"外物"，从而兼收并蓄，博采众长。所以"虚怀若谷"，不仅是很高的境界，也是极高的智慧。

水同样具有类似的特质，虽然它的外表柔弱，但却可以润泽万物，富足天下。水以虚制实，以柔克刚，这是一种绝妙的境界。

另外，人不仅要有"虚怀"，还要有"心志"。这里把"心志"说成是比利剑更厉害的武器，说明了"心志"是更具有威力的"利器"！一个人能否有成就，虽有内在外在的种种因素，但"心志""志向"却是方向性的、根本性的，也是第一位的。所谓"人无志不立""有志者事竟成"，说的就是"志"对于人的重要性。我们首先要成为"有志"之人，然后才能谈奋斗的动力和事业的追求。在"实"其志的同时还要学会"虚"其怀，有"心志"的人也应该具备"纳物"的虚怀。

蘧伯玉与时俱进

蘧伯玉行年六十而六十化①，未尝不始于是之而卒诎之以非也②，未知今之所谓是之非五十九非也。万物有乎生而莫见其根，有乎出而莫见其门。人皆尊其知之所知③，而莫知恃其知之所不知而后知④，可不谓大疑乎⑤？

（节选自《则阳》）

【注释】

①蘧（qú）伯玉：卫国的贤大夫，姓蘧，名瑗，字伯玉。行年：经历过的年岁。 六十化：六十年来与日俱新，随年变化。

②是之：以之为是。 诎（qū）：通"黜"，斥退，抛弃。

③尊：看重。 其知：读"其智"，下句"其知"的"知"亦作"智"读。

④恃：依恃，凭借。

⑤疑：惑。

【译文】

卫国贤大夫蘧伯玉活了六十岁，而六十年来随年变化与日俱新，未尝不是起初认为是对的，到后来又认为是不对的而加以抛弃；不确定如今认为是对的，就不是五十九岁前所认为不对的。万物都有它的诞生，但没有谁看见它的根源，都有它的出处，但没有谁看见它的门径。人们都看重自己的智慧所知道的，却没有谁懂得正是凭借着自己的智慧所不知道的然后才有所知，能不说这是最大的迷惑吗？

⚜ 扩展阅读 ⚜

　　启超既日倡革命排满共和之论①，而其师康有为深不谓然②，屡责备之，继以婉劝，两年间函札数万言③。启超亦不慊于当时革命家之所为④，惩羹而吹齑⑤，持论稍变矣。然其保守性与进取性常交战于胸中，随感情而发，所执往往前后相矛盾，尝自言曰："不惜以今日之我，难昔日之我。"

（梁启超《清代学术概论》）

【注释】

①启超：即梁启超（1873～1929），字卓如，号任公，中国近代史上著名政治家、启蒙思想家、史学家、文学家。戊

戌变法领袖之一。其著作合编为《饮冰室合集》。

②康有为：生于 1858 年，卒于 1927 年。字广厦，号长素，中国近代著名政治家、思想家、社会改革家。戊戌变法领袖之一。主要著作有《新学伪经考》《孔子改制考》。

③函札：书信。

④不慊（qiàn）：不满。

⑤惩羹（gēng）而吹齑（jī）：被热汤烫过嘴，吃斋也要吹一吹。比喻受到过教训，遇事过分小心。羹，用肉、菜等煮成的汤。齑，细切的冷食肉菜。

【译文】

梁启超每天倡导以革命方式推翻满清政权，建立共和的言论，他的老师康有为非常不赞成，屡次责备梁启超，后来又婉言相劝，两年时间写信数万字。梁启超也不满于当时革命家的一些所作所为，做事非常小心谨慎，言论也发生了一些变化。但是他内心深处的保守与进取思想不停地交战，并随着感情的波动而宣泄出来，所说的话常常前后矛盾，常常自称："不惜以我今日的言论，非难我以前的言论。"

❧ 点 评 ❧

与时俱进，一方面是由于世界本身在不断变化，另一方面也是缘于事物的发展，认识也在不断深化。要有所发明和发现，有所突破和创新，仅仅依靠自己的经历和智慧所形成的知识框架或认识模式是远远不够的，甚至会导致僵化，阻碍和窒息创新性的思维。了解恃其知（智）之所不知而后知的道理，就可以防止思想上的僵化，突破个人经验的局限性和封闭性。梁启超的持论正确与否，暂且不论，但是他这种敢于自我否定，"以今日之我，难昔日之我"的气度和胸怀，确实难能可贵。

腾猿攀援要有"平台"

王独不见夫腾猿乎①？其得楠梓豫章也②，揽蔓其枝而王长其间③，虽羿、蓬蒙不能眄睨也④。及其得柘棘枳枸之间也⑤，危行侧视⑥，振动悼栗⑦；此筋骨非有加急而不柔也⑧，处势不便⑨，未足以逞其能也。

（节选自《山木》）

【注释】

①王：指魏王。　腾猿：在树间腾跃的猿猴。

②楠（nán）梓（zǐ）豫章：都是长得高大笔直的乔木。章，樟树。

③揽蔓：牵引。　王长（wàng zhǎng）：形容意气昂扬。

④羿（yì）：古代传说中善于射箭的人。　蓬蒙：羿的弟子。眄睨（miǎn nì）：斜看。意思是，连侧目斜看都不可能，更不要说引弓去射它了。

⑤柘（zhè）棘枳（zhǐ）枸（jǔ）：都是有刺的灌木。

⑥危行侧视：指行动不便，处处小心谨慎。危行，行动谨慎。侧视，左顾右盼。

⑦振动悼栗：指心里恐惧。

⑧加急：限制，收紧。　柔：灵活。

⑨处势：所居处之地。

【译文】

　　大王您没有看见善于腾跃的猿猴吗？当它处在楠、梓、豫、樟之类的大树上时，便可以随意攀枝引条，自由活动，在其间神气得很，即便是后羿、蓬蒙那样的神箭手对它也无可奈何。等到它来到荆棘灌木丛中，便左顾右盼小心翼翼地走着，风吹草动都会引起它内心的惊恐；这不是它的筋骨受到束缚而不敏捷了，而是所处的环境条件变得不利了，不能让它充分施展自己的才能啊。

扩展阅读

　　曹公问裴潜曰①："卿昔与刘备共在荆州②，卿以备才如何？"潜曰："使居中国③，能乱人，不能为治；若乘边守险④，足为一方之主。"

（《世说新语·识鉴》）

【注释】

①曹公：即曹操，东汉末年政治家。　裴潜：字文行，曾避乱荆州，刘表以宾客之礼相待。曹操平定荆州时，裴潜归附曹操，任丞相府军参谋。

②刘备：字玄德，曾到荆州投奔刘表，后在诸葛亮等人的辅佐下，于公元 221 年称帝，建立蜀汉政权。

③中国：中原地区。

④乘边守险：盘踞边地，扼守险要之处。

【译文】

　　曹操问裴潜说："你昔日与刘备同在荆州共事，你以为刘备才能如何？"裴潜说："倘若刘备在中原，只能扰乱人民，不能得到安定；如果盘踞边地，扼守险要之地，则足以成为一个独当一面的霸主。"

❦ 点 评 ❦

　　猿猴在乔木之间随意攀援，能够充分发挥腾跃的本领，而在灌木丛中则"危行侧视，振动悼栗"，这说明不同的环境对于才能的施展起到了完全不同的作用。人施展才能，也需要良好的外部环境，需要一个可以充分发挥才华的"平台"。一个人成就大小，往往与"平台"的高低成正比。刘备在中原无处容身，但他在西南辟得一片领地后，便在这里大显身手，终成帝业。

锻钩老工匠的学习辩证法

　　大马之捶钩者^①，年八十矣，而不失豪芒^②。大马曰："子巧与！有道与？"曰："臣有守也^③。臣之年二十而好捶钩，于物无视也，非钩无察也。是用之者，假不用者也^④，以长得其用，而况乎无不用者乎！物孰不资焉！"

（节选自《知北游》）

【注释】

①大马：官名，即大司马。　捶：锻打。　钩：指腰带钩。

②豪：通"毫"。　芒：禾芒。毫、芒均为极细小之物，"不失豪芒"是说极微细的差错也没有。

③守：遵守。

④假：借助。

【译文】

大司马家锻打带钩的工匠，八十岁了，制作的钩竟分毫不差。大司马说："您的手艺真是巧妙啊！有诀窍吗？"回答说："我一直遵守一条原则。我二十岁时就爱好锻打带钩，对别的东西从来不看，不是带钩就不去关心。这就是所用心的地方，因为不用心旁骛，以至于能长久获得那用心之处的功效，更何况什么都不干全部精力用上了呢！（在这种情况下）万物哪个不帮助他呢！"

扩展阅读

昔者苍颉作书①，容成造历②，胡曹为衣③，后稷耕稼④，仪狄作酒⑤，奚仲为车⑥。此六人者，皆有神明之道，圣智之迹，故人作一事而遗后世。非能一人而独兼有之，各悉其知，贵其所欲达，遂为天下备。今使六子者易事，而明弗能见者何？万物至众，而知不足以奄之⑦。

（《淮南子·修务训》）

【注释】

①苍颉（jié）：相传是黄帝时期造字的史官，被尊为"造字圣人"。

②容成：相传为黄帝的大臣，发明了历法。

③胡曹：相传为黄帝的大臣，发明了制作衣裳。

④后稷（jì）：周人的先祖，虞舜时被任命为农官，教民耕稼。

⑤仪狄：相传为夏禹时善酿酒者。

⑥奚仲：夏朝的车正，为车的创造者。

⑦知：通"智"。　奄：全部据有。

【译文】

　　从前苍颉发明文字，容成制定历法，胡曹创制衣服，后稷耕种庄稼，仪狄首创酿酒法，奚仲发明车子。这六个古人，都有各自神奇的本领，又有圣明聪慧的事迹，所以每人都有一项发明创造留传后世。但他们不能做到一人兼有六项发明，他们只是各自发挥了自己的才智和专长，并竭力想完成他们各自的目标，终有成就，为天下人带来了生活的便利。现在如果让这六位发明家换调他们所从事的工作，那么他们的专长和聪明才智就无法显示出来，这是为什么呢？因为世界上的物类太多，一个人的智力无法驾驭一切。

点 评

　　一个人有一种爱好，能够几十年如一日地坚守这种爱好，把心思和精力都用于自己所爱的专业上，他必然会在这方面取得突出的成绩，成为此专业领域里的佼佼者。一个人的生命、精力是有限的，而面对的领域又是不可穷尽的。所以，要想取得卓越的成就，就应该处理好"有所不为"和"有所为"的关系。锻钩老工匠总结出的"用心"与"不用心"、"有所为"与"所有不为"的辩证法，大概说出了一切"专业"工作者的体会。在应该"用心"之处"专注"，在不该"用心"之处放松，这些都要自己很好地把握。苍颉、荣成、胡曹等人虽然是传说中的人物，但他们发明创造的事例也说明了术业有专攻的道理。

"屠龙术" 空有其术

朱泙漫学屠龙于支离益①，单千金之家②，三年技成而无所用其巧。

（节选自《列御寇》）

【注释】

①朱泙（pēng）漫：人名，姓朱泙，名漫。 支离益：人名，姓支离，名益。此二人疑为虚构的人物。

②单：同"殚"，尽。本句是说用尽千金家产。

【译文】

朱泙漫在支离益那里学习屠龙的技术，耗尽了千金的家产，三年学成技术却没有机会施展学到的技巧。

扩展阅读

　　客有为周君画荚者①，三年而成。君观之，与髹荚者同状②。周君大怒。画荚者曰："筑十版之墙，凿八尺之牖③，而以日始出时加之其上而观。"周君为之，望见其状尽成龙蛇、禽兽、车马，万物之状备具。周君大悦。

　　此荚之功非不微难也④，然其用与素髹荚同⑤。

（《韩非子·外储说左上》）

【注释】

①画荚（jiá）：历来说法不一。一般认为是在豆荚、榆荚等植物的薄膜上作画，因其易于透光，可利用日光照射，使其产生投影，与今日所见的皮影戏有相似之处。一说"荚"为"策"，指马鞭、手杖等。今取前意。

②髹（xiū）荚：用漆漆过的荚。髹，漆。

③牖（yǒu）：窗户。

④微难：精深难能。

⑤素：普通。

【译文】

　　有个人为周国的国君画荚，费了三年的时间才完成。国君看后，认为这跟普通漆过的荚样子相同。国君很生气。画荚的人说："请您造一堵十版之墙，在墙上凿出一个八尺的大窗户，然后在太阳刚出来的时候把这荚放到窗口上对着日光观看。"后来，国君这样做了，果然见到上面画满龙蛇、禽兽、车马，各种东西的形象全都有了。国君非常高兴。

　　这荚上的绘画的确精巧，但在使用上却和只用漆漆过的荚没什么不同。

脱离社会需求的本领再大，也是空有其术，"英雄无用武之地"。学到一种根本无法实践的"技巧"，其实是什么也没学到。既然无龙可屠，"无所用其巧"，又怎么能"技成"呢？为周君画荚的人，其实也是徒然炫耀技巧。试想，如此复杂的荚，耗费了如此多的气力，从实用角度考虑，与普通用漆漆过的荚没有两样，这是不是一种浪费呢？

"轮扁斫轮"心中有术

桓公读书于堂上^①，轮扁斫轮于堂下^②，释椎凿而上^③，问桓公曰："敢问，公之所读者何言邪？"

公曰："圣人之言也"。

曰："圣人在乎？"

公曰："已死矣"。

曰："然则君之所读者，古人之糟魄已夫^④！"

桓公曰："寡人读书，轮人安得议乎！有说则可，无说则死。"

轮扁曰："臣也以臣之事观之。斫轮，徐则甘而不固^⑤，疾则苦而不入^⑥。不徐不疾，得之于手而应之于心，口不能言，有数存焉于其间^⑦。臣不能以喻臣之子^⑧，臣之子亦不能受之于臣，是以行年七十而老斫轮^⑨。古之人与其不可传也死矣，然则君之所读者，古人之糟魄已夫！"

（节选自《天道》）

【注释】

①桓公：指齐桓公。

②轮扁：制造车轮的人，名扁。 斫（zhuó）轮：砍削木头做车轮。

③释：放下。　椎：锤子。　上：指到堂上。
④糟魄：糟粕。魄，同"粕"。
⑤徐：宽缓。　甘：松滑。此句是说砍斫车轮，孔眼宽缓便容易接插，但却松滑。
⑥疾：紧迫。　苦：涩滞。此句是说孔眼紧便涩滞难插。
⑦数（shù）：指技术、技巧。
⑧以喻："以之喻"的省略。喻，讲明白。
⑨行年：经历的年岁。行年七十，即活到了七十岁。

【译文】

　　齐桓公坐在殿堂上读书。一个名叫扁的制轮匠在殿堂下斫木造车轮，他放下锤子凿子走上殿堂来，问齐桓公说："冒昧问一下国君，您读的都是些什么？"

　　齐桓公答道："是圣人之言。"

　　轮扁问："圣人还在吗？"

　　回答说："已经死了。"

　　轮扁说："既然如此，那么您所读的，就是古人的糟粕了！"

　　齐桓公说："我在这里读书，你一个做车轮的匠人怎么可以随便议论！说得出道理来则罢，说不出道理就要处死你！"

　　轮扁回答："我是根据我所从事的工作来看待这件事的。砍削车轮，孔眼宽松便容易接插，但却因松滑而不牢固；孔眼紧便涩滞难插。不宽松也不紧迫，功夫表现在手上，分寸掌握于内心，这些道理我的嘴里说不出来，但其中却大有奥妙存在。我没法把这些经验和体会用语言直接传授给我的儿子，我的儿子也不能靠我的口传直接学到，因此到了七十岁我还在独自斫轮。古人没法用语言说出来的道理已经随着古人死去了，那么您所读的书，也只是古人的糟粕罢了！"

扩展阅读

　　王寿负书而行①，见徐冯于周②。徐冯曰："事者应变而动，变生于时。故知时者无常行。书者言之所出也，言出于知者，知者不藏书。"于是王寿乃焚书而舞之。

(《淮南子·道应训》)

【注释】

①王寿：古代爱书之人。

②徐冯：周代的隐士。

【译文】

　　王寿背着书走路，在大路上碰到周国的隐士徐冯。徐冯说："人的行为应随变化而变化，变化产生于时世。所以识时务者没有固定不变的行为。书记载着人的言论，言论当然出自智者，但有智慧的人是不藏书的。"王寿听了徐冯的开导后将自己的藏书全部烧掉，然后轻松地手舞足蹈起来。

点　评

　　书本上的知识是重要的，但是把一切书本知识都神化、圣化、绝对化了，那么，你就会成为一个"唯书"是从的人。古往今来，不少思想家在如何看待书本知识的问题上，都表达过一些深刻的思想。孟子说"尽信书，不如无书"，庄子嘲笑齐桓公在读古人的糟粕，徐冯认为智者不藏书，其用意都是反对死读书，批评古代的"本本主义"。

　　值得特别提出的是，庄子在引述这个故事后，还提示了所以不可"唯书"的道理，这就是："世之所贵道者，书也，书不过语，语有贵也。语之所贵者，意也，意有所随。意之所随者，不可以言传也，而世因贵言传书。世虽贵之，我犹不足贵也，为其贵非其贵也。"这里告诉我们：书不过是一些语言符号，语言符号虽有它的珍贵之处，但更值得珍惜的是这些符号表达的意义和揭示的真理。在语言符号和意义、真理之间，后者才是贵中之贵，价值所在。庄子发现了语言符号与意义、真理之间存在着一定的"隔离性"，而思考如何突破这种"隔离性"，这对我们如何读书和运用语言以达意，都是具有启示作用的。

"丑女效颦" 贻笑后人

　　西施病心而矉其里^①，其里之丑人见而美之，归亦捧心而矉其里。其里之富人见之，坚闭门而不出，贫人见之，挈妻子而去走^②。彼知矉美，而不知矉之所以美。

（节选自《天运》）

【注释】

①病心：心口疼痛。　矉（pín）：同"颦"，皱眉头。以下同此解。　里：邻里。成语"东施效颦"出于此。

②挈（qiè）：携带。　妻子：妻子儿女。　去：逃离。
走：跑。

【译文】

　　西施因为心口痛在乡邻间总是皱着眉头，乡邻中的一位丑女人见到后觉得这样子很美，回去后也在乡邻间故意捂着心口皱起眉头让人瞧。村里的富人看见她这个样子，都紧紧地关起大门不出来，穷人见了她这个样子，携妻牵子远远地跑开了。这丑女人只知西施皱眉的样子很美，却根本不了解西施皱眉为什么美。

扩展阅读

　　思貌丑悴①，不持仪饰，亦复效岳游遨②。于是群妪齐共乱唾之，委顿而返。

（《世说新语·容止》注引《续文章志》）

【注释】

①思：左思，西晋著名文学家，相貌丑陋。　悴（cuì）：衰弱，疲萎。
②岳：即潘岳，字安仁，后人常称其为潘安，西晋文学家，相貌俊美。相传少年时，每当出游，总有一些女子手拉着手把他围起来，抛给他果子，他总是满载而归。　游遨：嬉游，游逛。

【译文】

　　左思相貌丑陋，不注意修饰自己的仪态服饰，也学着潘安的样子，故作潇洒地到处游逛。结果，一群妇女围着左思，朝他啐口水，吐唾沫。左思垂头丧气，只好狼狈地回来了。

❦ 点 评 ❦

西施本是天生丽质，即使病心浅颦，也仍然美丽动人；村女本来长得很丑，无病又故作蹙额，更使丑相变成怪相，这就难怪乡邻避之唯恐不及了。潘岳是洛阳城中著名的美男子，据说他出门的时候会引来众多女士的关注，左思也效法潘岳的样子，却遭到了屈辱的对待。

在向他人学习的问题上，没有理解，不加分析地模仿，不但学不到好的东西，甚至可能出现可笑而可悲的结果。

卓立世俗的
情操情怀

申徒嘉的内在魅力

申徒嘉，兀者也^①，而与子产同师于伯昏无人^②。子产谓申徒嘉曰："我先出则子止^③，子先出则我止。"其明日，又与合堂同席而坐。子产谓申徒嘉曰："我先出则子止，子先出则我止。今我将出，子可以止乎，其未邪？且子见执政而不违^④，子齐执政乎^⑤？"

申徒嘉曰："先生之门，固有执政焉如此哉^⑥？子而悦子之执政而后人者也^⑦？闻之曰：'鉴明则尘垢不止^⑧，止则不明也。久与贤人处则无过。'今子之所取大者^⑨，先生也，而犹出言若是，不亦过乎！"

子产曰："子既若是矣，犹与尧争善，计子之德，不足以自反邪^⑩？"

申徒嘉曰："自状其过^⑪，以不当亡者众^⑫，不状其过，以不当存者寡，知不可奈何，而安之若命，唯有德者能之。游于羿之彀中^⑬，中央者，中地也^⑭；然而不中者，命也。人以其全足笑吾不全足者多矣，我怫然而怒^⑮；而适先生之所，则废然而反^⑯，不知先生之洗我以善邪^⑰？吾与夫子游十九年矣，而未尝知吾兀者也。今子与我游于形骸之内，而子索我于形骸之外，不亦过乎！"

子产蹴然改容更貌⑱，曰："子无乃称⑲。"

（节选自《德充符》）

【注释】

①申徒嘉：复姓申徒，名嘉，郑国贤人。　兀：通"跀"（yuè），断足的刑法。

②子产：郑国的国相，著名政治家。　伯昏无人：庄子寓托的人物。

③止：留下来。

④执政：执掌国政的人。　不违：不回避。违，回避。　申徒嘉为一兀者，地位低下而子产位尊，不愿与之同步，故有先出、留止一段话。

⑤齐：等同。

⑥焉：意同"而"。

⑦后人：以别人为后，即瞧不起别人。

⑧鉴：镜子。

⑨取大：求广见识，培养德性。

⑩自反：反省自己。

⑪状：陈述。

⑫亡：指亡足，受断足之刑。

⑬羿（yì）：传说中上古时代善于射箭的人。　彀（gòu）中：张弓所能达到的射程之内。

⑭中（zhòng）地：最易射中之处。

⑮怫（fú）然：怒形于色的样子。

⑯废然：怒气尽消。　反：同"返"，指回到原有的正常神态。

⑰洗：意同熏陶、教化。

⑱蹴（cù）然：惭愧不安的样子。

⑲无：通"毋"，不要。　乃：如此，这样。　称：说。

【译文】

申徒嘉是个受刖刑断掉一只脚的人，他与郑国的子产同拜伯昏无人为师。子产对申徒嘉说："我先出去，你就等会儿再离开，你先出去，我就等一会再离开。"到了第二天，他们又合堂同席坐在一起。子产对申徒嘉说："我先出去，你就等一会儿再离开，你先出去，我就等一会儿再离开。现在我要出去，你可以暂且留下来吗？还是不能呢？你见到我这执政大臣还不知回避，你把自己看成是可以和我平起平坐的执政大臣吗？"

申徒嘉说："老师的门下，有当上执政而像您这样的吗？您以您的执政地位而沾沾自喜，就可以瞧不起人吗？我听说过这样的话：'镜子明亮灰尘就不能停留，灰尘停留镜子就不明亮。长期和贤人相处就没有过失。'如今您追求广博精深的见识，正是我们的老师所倡导的大道，在老师的堂下还说这样的话，不也太过分了嘛！"

子产说："你已经落得这个样子了，还想跟尧比美德，估量估量你自己的德行，还不够作一番自我反省吗？"

申徒嘉说："若让自己来申辩自己的过失，多数人都会认为自己不应该受刑致残，不申辩自己的过错，认为自己该当受刑而不应全形，这样的人是很少的。知道事情的无可奈何，而能泰然处之，好像命中注定一样，只有有德的人才能做到这一步。人们好像游荡在后羿弯弓拉弦射程之内的猎物，中央的地方就是必被射中之处；但是也有不被射中的，那就是命运。人们因为自己有两只脚，便嘲笑我只有一只脚，这样的人我遇到的多了，过去我总是勃然大怒；但自从来到老师这里，便怒气全消，幡然省悟了。你还不明白这是老师用美德来熏陶我的结果吗？我跟从老师已经十余年了，但他从来没有感到我是缺一只脚的人。如今您跟我一起在精神领域内求道，而您却从外在的形体方面来找我的不足，不也太过分了嘛！"

子产听后不由马上改变了脸色，惭愧地说："请您不要这样说下去了。"

⚜ 扩展阅读 ⚜

允妻阮氏贤明而丑①，允始见愕然，交礼毕②，无复入意。妻遣婢觇之③，云"有客姓桓"，妻曰："是必桓范④，将劝使入也。"既而范果劝之。允入，须臾便起，妻捉裾留之⑤。允顾谓妇曰⑥："妇有四德，卿有其几？"妇曰："新妇所乏唯容。士有百行，君有其几？"许曰："皆备。"妇曰："士有百行，以德为首，君好色不好德，何谓皆备？"允有惭色，知其非凡，遂雅相亲重。

（《三国志·魏书·诸夏侯曹传》注引《魏略》）

【注释】

①允：即许允，字士宗，三国时期魏国人。

②交礼：新婚交拜之礼。

③觇（chān）：看，偷偷地察看。

④桓范：三国时期魏国人。

⑤裾（jū）：衣服前后幅垂下的部分。

⑥顾：回头看。

【译文】

　　许允的妻子很贤能聪明，但长得很丑，许允刚见到她的时候非常吃惊，新婚交拜礼后，就不再去洞房理她。新娘派遣婢女偷偷查看，婢女说"来了个姓桓的客人"，阮氏说："肯定是桓范，桓范一定会劝说他进来的。"一会儿，桓范果然劝说许允。许允进来后没多久便起身要走，新娘急忙拉住他的衣角，许允回头看着妻子说："为人妻子要有四德，你具备哪些？"新娘答说："我只有容貌较丑而已。可是，读书人要具备很多德行，你有哪些？"许允回答说："样样都有。"新娘说："读书人的德行，以品德为先，你好色不好德，哪里样样都有呢？"许允听了很惭愧，知道他妻子很不一般，从此与妻子互相敬重相处。

点　评

　　《庄子》的这则寓言故事，主旨在于强调人的内在性的价值，亦即强调精神与道德的价值远在于人的形骸之上。"游于形骸之内"与索人于"形骸之外"是两种不同的价值取向，二者体现了不同的精神品位和境界差异。形体残缺的人因为心智完善，道德充盈，而以一种精神魅力吸引着人，这种情况在生活中并不少见。相反，我们也会看到：有的人虽有"全形"，甚至还有堂堂的仪表，但却精神猥琐，品位低下，被人们嘲之为"金玉其外，败絮其中"。我们求学问道，就是要提升内在的价值，重视精神上"真善美"的"全形"。

同样，新娘阮氏的一番话告诉我们，在现实生活中，切忌以貌取人，应当注重人的内在品德。

屠羊说辞谢赏赐

楚昭王失国[1]，屠羊说走而从于昭王[2]。昭王反国[3]，将赏从者，及屠羊说[4]。屠羊说曰："大王失国，说失屠羊[5]；大王反国，说亦反屠羊。臣之爵禄已复矣[6]，又何赏之有哉！"

王曰："强之[7]。"

屠羊说曰："大王失国，非臣之罪，故不敢伏其诛[8]；大王反国，非臣之功，故不敢当其赏。"

王曰："见之[9]。"

屠羊说曰："楚国之法，必有重赏大功而后得见，今臣之知不足以存国[10]，而勇不足以死寇[11]。吴军入郢[12]，说畏难而避寇，非故随大王也[13]。今大王欲废法毁约而见说，此非臣之所以闻于天下也。"

王谓司马子綦曰[14]："屠羊说居处卑贱而陈义甚高[15]，子綦为我延之以三旌之位[16]。"

屠羊说曰："夫三旌之位，吾知其贵于屠羊之肆也[17]；万钟之禄[18]，吾知其富于屠羊之利也；然岂可以贪爵禄[19]，而使吾君有妄施之名乎！说不敢当，愿复反吾屠羊之肆[20]。"遂不受也。

（节选自《让王》）

【注释】

①楚昭王：楚平王之子。　失国：丢掉了国家。楚昭王之父楚平王杀害伍奢，伍奢之子伍员投奔于吴。楚昭王即位后，伍员请得吴伐楚，攻破楚国郢都，昭王仓皇出逃，所以说"失国"。

②屠羊说（yuè）：一个名叫说的宰羊人。

③反国：指回到郢都。反，同"返"。

④及：指轮到赏赐。

⑤失屠羊：失掉了宰羊的工作和收入。

⑥爵禄：官爵俸禄，这里指职业和收入。

⑦强之：指命令手下人硬给屠羊说赏赐。

⑧伏：服，甘心接受。　诛：惩罚。

⑨见：指召见。

⑩知：同"智"。　存国：保全国家。

⑪死寇：为抗击外敌入侵而死。寇，指外敌入侵。

⑫郢（yǐng）：楚国都城，在今湖北江陵西北。

⑬故：有心，特意。

⑭司马：官职名。 子綦：人名。

⑮居处：处在。 陈义：陈述道理。

⑯本句中"綦"字当为"其"字之讹，用作语气副词，表示祈请的语气。昭王面对司马子綦说话，惯常只用"子"，而不会直呼其名。 延：请，聘请。 三旌之位：公卿爵位。

⑰肆：店铺。

⑱万钟之禄：公卿才可享受到的俸禄等级。钟，古量器名，一钟合六斛四斗。

⑲岂可：岂能。 以：因为，由于。

⑳复反：返回。

【译文】

楚昭王丢掉了国家，屠羊说逃难中一直跟随着昭王。昭王复国之后，要赏赐跟随出逃的人，轮到了屠羊说。屠羊说说："大王丢了国家，我丢了宰羊的职业；大王恢复了国家，我也恢复了宰羊的职业。如今我的'官爵俸禄'都已恢复了，又有什么好奖赏的呢！"

昭王听到这件事后命令手下人说："强令他接受封赏。"

屠羊说说："大王当初丢掉国家，不是我的罪过，所以我不敢接受惩罚；如今大王恢复国家，也不是我的功劳，所以不敢接受赏赐。"

昭王听了汇报后说："让这个人来见我。"

屠羊说对传令的人说："楚国的礼法，一定要有大功受重赏才能受到国王召见，如今我的才智不足以保全国家，而勇猛又不足以为国难献身。吴国军队侵入我们的郢都，我在国难面前害怕了，所以逃避敌人，并非是我有心追随大王啊。如今大王想不顾礼法，破坏规矩来召见我，这不是我愿意让天下的人听到的事情。"

昭王对司马子綦说："屠羊说处在卑贱的地位，但陈述的道理却很深刻，你就替我用卿相之位去请他吧。"

屠羊说说："卿相之位，我当然知道它比羊肉铺子尊贵；万钟俸禄，我当然知道它比宰羊收入丰厚；但是，我哪能因为贪图官爵俸禄而使我们的国君落下滥加赏赐的名声呢！我不敢接受，只希望让我回到屠羊的作坊里去。"就这样始终不肯接受赏赐。

扩展阅读

晋侯赏从亡者①，介之推不言禄②，禄亦弗及。推曰："献公之子九人③，唯君在矣。惠、怀无亲④，外内弃之。天未绝晋，必将有主。主晋祀者⑤，非君而谁？天实置之，而二三子以为己力⑥，不亦诬乎⑦？窃人之财，犹谓之盗，况贪天之功以为己力乎？下义其罪，上赏其奸；上下相蒙⑧，难与处矣。"其母曰："盍亦求之⑨？以死，谁怼⑩？"对曰："尤而效之⑪，罪又甚焉。且出怨言，不食其食。"其母曰："亦使知之，若何？"对曰："言，身之文也⑫。身将隐，焉用文之？是求显也。"其母曰："能如是乎？与女偕隐⑬。"遂隐而死。晋侯求之不获，以绵上为之田⑭，曰："以志吾过，且旌善人⑮。"

（《左传·僖公二十四年》）

【注释】

①晋侯：即晋文公，姬姓，名重耳，春秋时期晋国国君，公元前636～前628年在位，为春秋五霸之一。

②介之推：或称介子推，晋文公的臣子。晋文公曾流亡19年，介之推是跟从他流亡的几个臣子之一。

③献公：即晋献公，名诡诸，晋文公之父。

④惠、怀：即晋惠公和晋怀公，他们均为晋献公之子，先后即位于晋文公之前。

⑤主晋祀者：指掌管、主持晋国宗庙社稷祭祀的人，即国君。

⑥二三子：跟随晋文公出奔的臣子。

⑦诬：欺骗。

⑧蒙：欺。

⑨盍：何不。

⑩怼（duì）：怨恨，不满。

⑪尤：责备，谴责。

⑫文：装饰，美化。

⑬女：通"汝"，你。

⑭绵上：地名，在今山西介休县南、沁源县西北的介山（一说绵山）之下。

⑮旌（jīng）：表彰，发扬。

【译文】

晋文公赏赐跟从他逃亡的人，介之推不谈爵禄，爵禄也没有给他。介之推说："献公的儿子九人，只有国君在世了。惠公、怀公没有亲近的人，国内外都厌弃他们。上天不绝晋国，一定会有君主。主持晋国祭祀的人，不是国君又是谁？这实在是上天立的他，而那几个人却以为是自己的功劳，这不是骗人吗？盗窃别人的财物，还叫他做小偷，何况窃取上天的功劳当作自己的功劳呢？下面的人把罪过当合理，上面的人对欺骗加以赏赐，上下相互欺骗，就难以和他们相处了。"他的母亲说："何不也去请求爵禄？就这样死了，怨谁？"介之推回答说："明知是错误而效法它，罪过更大了。而且我口出怨言，不吃国君的俸禄。"他的母亲说："也要让国君知道这件事，怎么样？"介之推回答说："言语，是身体的装饰品。身体将要隐藏，哪里还要用言语去装饰它？这样做就是为了去显露自己了。"他的母亲说："能够像你说的这样去做吗？我和你一块儿隐居。"于是母子俩隐居到死。晋文公寻找他没有找到，就以绵上作为介之推的封地，说："以此铭记我的过失，并且表彰善良的人。"

❧ 点 评 ❧

屠羊说从事卖羊肉的职业。由于跟随楚王逃难，楚昭王复国后遍赏从行者，也轮到了他的份儿，应该说这是一次不可多得的改变职业、提升地位的人生机遇。但是，在他看来，能够重操屠羊旧业，不再逃难，也就是恢复了"爵禄"，还有什么赏赐的理由呢？屠羊说多次谢绝楚王的赏赐，使得楚王越发要给他厚赏，楚王"强之"和欲"延之以三旌之位"的举动未免有邀名之嫌，而屠羊说的坚拒赏赐则完全是出于真诚，他的不慕名利，不为苟得，而满足于重操屠羊旧业的淡泊情怀，也就赢得了世人的钦佩和后人的赞誉。介之推更是具有这样的高风亮节，他淡泊名利的高尚品质不仅感动了晋文公，也打动了后人。

"轩冕在身"并非人生意义

　　古之所谓得志者，非轩冕之谓也①，谓其无以益其乐而已矣。今之所谓得志者，轩冕之谓也。轩冕在身，非性命也，物之傥来②，寄者也。寄之，其来不可圉③，其去不可止。故不为轩冕肆志④，不为穷约趋俗，其乐彼与此同，故无忧而已矣。今寄去则不乐，由是观之，虽乐，未尝不荒也⑤。故曰，丧己于物，失性于俗者，谓之倒置之民⑥。

（节选自《缮性》）

【注释】

①轩冕：轩车冕服，意指官位显达。

②傥（tǎng）：偶然。

③圉（yǔ）：阻止。

④肆志：恣意放纵。

⑤荒：迷乱。

⑥倒置之民：颠倒了本末的人。

【译文】

　　古人所说的得志，不是就官位显达而言，而是说自身的快乐才是超越一切的快乐。如今所说的得志，就是说官位显达。高官显爵加在身上，不属于本性真情的东西，只是身外之物偶然来到，是一种暂时的寄托罢了。既然是寄托，它的来到挡不住，它的离去不能留。所以不要因为获得高官显爵而骄纵放肆，也不要因为身陷困境而随波逐流，其间的快乐彼此都一样，所以不因得失而烦恼。如今寄托的东西失去便不快乐，由此看来，即便真有快乐，却未尝不是本性的迷乱。所以说，因为外物而丧失自我，因为世俗而丧失本性的人，不妨把他叫做倒置本末的人。

扩展阅读

　　戴逵字安道①，谯国人也②。少博学，好谈论，善属文，能鼓琴，工书画，其余巧艺靡不毕综。总角时③，以鸡卵汁溲白瓦屑作《郑玄碑》④，又为文而自镌之，词丽器妙，时人莫不惊叹。性不乐当世，常以琴书自娱。师事术士范宣于豫章⑤，宣异之，以兄女妻焉。太宰、武陵王晞闻其善鼓琴⑥，使人召之，逵对使者破琴曰："戴安道不为王门伶人⑦。"

（《晋书·隐逸列传》）

【注释】

①戴逵：东晋艺术家。

②谯（qiáo）国：今安徽亳州。

③总角：童年时期，幼年。

④鸡卵汁：鸡蛋清。　溲（sōu）：浸泡。

⑤范宣：字宣子，陈留（今河南陈留东北）人。东晋名士，博览群书，在江南传经授业，学徒广众。　豫章：古郡名。指今江西南昌一带。

⑥太宰、武陵王晞（xī）：即司马晞，字道叔，晋元帝司马睿的第四子。

⑦伶人：演艺人员。

【译文】

　　戴逵字安道，谯国人。他少年时博学多闻，喜好谈论，善于作文，工于书法绘画，能弹琴，其他各种才艺也莫不集于一身。还没成年的时候，就用蛋清浸泡的白瓦屑做成了《郑玄碑》，然后自撰碑文并亲自镌刻，辞采华丽器物巧妙，当时没有人不惊叹的。他生性不合世俗，常常以书琴自娱自乐。在豫章拜术士范宣为师，范宣把他看作奇士，并把兄长的女儿嫁给他为妻。太宰、武陵王司马晞听说他善于弹琴，便派人征召他，戴逵当着使者的面摔破琴器，说："我戴安道不作王府门中的伶人。"

🐏 点 评 🐏

　　名誉、地位、财富，是人们的"外物"，如果太热衷于这些"外物"，人就不可避免地"物化""异化"，失掉人性中最值得珍惜的东西。我们可以追求"外物"，但任何事都不要丧失自我。一个被"物化"的人，无异于一个丧失了自我的"物"。快乐和幸福都需要一定的物质或社会资源条件，但异化成一个丧失自我的"物"，又如何能感受和体验快乐与幸福呢？戴逵深知自己心中所追求的东西，所以在受到外物诱惑时无所动摇，坚决回拒了武陵王的征召，继续过着隐逸自在的生活。

不做"无特操"的影子

罔两问景曰①："曩子行②，今子止；曩子坐，今子起；何其无特操与③？"

景曰："吾有待而然者邪④？吾所待又有待而然者邪？吾待蛇蚹蜩翼邪⑤？恶识所以然⑥！恶识所以不然！"

（节选自《齐物论》）

【注释】

①罔两：影子外面的微阴，即影子的影子。　景：同"影"。

②曩（nǎng）：从前，以往。

③特操：独立的操守。

④待：依靠，凭借。

⑤蛇蚹（fù）：蛇腹下借以运行的横鳞。　蜩翼：蝉的翅膀。

⑥恶（wū）识：怎么知道。恶，何，怎么。

【译文】

　　影子外的微阴问影子："刚才你行走，现在你停立不动；刚才你坐着，现在你站起；你怎么这样没有自己的独立操守呢？"

　　影子说："我是有所依赖才这样的吗？我所依赖的东西又有所依赖才这样的吗？我的依赖就像蛇腹下的横鳞，蝉背上的羽翅吗？我怎么知道究竟是什么原因才这样！我又怎么知道为什么不是这样！"

扩展阅读

　　王蓝田为人晚成①，时人乃谓之痴。王丞相以其东海子②，辟为掾③。常集聚，王公每发言，众人竞赞之。述于末坐曰："主非尧、舜④，何得事事皆是！"丞相甚相叹赏。

（《世说新语·赏誉》）

【注释】

①王蓝田：王述，字怀祖，晋太原晋阳（今山西太原）人，袭爵蓝田侯。性恬静，不爱显示自己。

②王丞相：指王导。　东海：指王述的父亲王承，曾任东海郡太守，所以称为东海。王承家是世族，早年名望很高，王导因此要提携他的儿子王述。

③掾（yuàn）：属官。

④主：僚属称上司为主。

卓立世俗的情操情怀

【译文】

　　蓝田侯王述成名比较晚，当时人们竟认为他痴呆。丞相王导因为他是东海太守王承的儿子，就召他做属官。有一次聚会，王导每次讲话，大家都争着赞美。坐在末座的王述说："主公不是尧、舜，怎么能事事都对！"王导非常赞赏他。

点 评

　　庄子编出"罔两问景"这个有趣的故事，本意虽在阐论"有待"与"无待"的关系，但是，当他把抽象的哲学概念形象化了，形象本身也就具有了自身的意义，这就是所谓"形象大于思想"。在这则寓言故事中，形象就表达了自身的意义。

　　庄子寓言中的形象纷然杂陈，包罗万象，历史人物、神话人物、虚构人物以及各种动、植物的拟人形象都曾大量出现在他的寓言中，但这里却又闯进一个"影子"的形象。面对这个"影子"，你该怎样理解呢？

　　影子不会思想，也没有个人意志和愿望，它虽有行、止、坐、起的活动，但不过是随形而动，自己完全没有独立的性格意识。这种无"特操"的影子完全不知道所以然或所以不然，只是不断听任"有待"的支配。一个没有独立思考、没有"特操"的人，也会完全被某种力量所支配，就如同影子一样。人云亦云，亦步亦趋，见风使舵，随大流，"墙头草"，这些都是无"特操"的表现。

　　王导的僚属们，大多都变成了丧失自我的影子，唯独王述能够破除这种媚上的陋习，实在难能可贵。人生在世，应该活出个自己来，没有"特操"的人，实际上就是自我泯灭，个性消溶，而没有个性差别的群体，就不可能有生机和活力。

"相濡以沫" 患难真情

　　泉涸①，鱼相与处于陆，相呴以湿②，相濡以沫③，不如相忘于江湖。

（节选自《大宗师》）

【注释】

①涸（hé）：水干枯。

②呴（xū）：张口吹气，嘘气。

③濡（rú）：沾湿。　沫：唾沫。

【译文】

　　泉水干涸了，大群的鱼儿一起困在陆地上，互相呵气使对方湿润，互相吐出唾沫维持生命，与其如此，倒不如让它们在江河湖海里彼此相忘。

扩展阅读

荀奉倩与妇至笃^①，冬月妇病热，乃出中庭自取冷，还以身熨之。妇亡，奉倩后少时亦卒。

（《世说新语·惑溺》）

【注释】

①荀奉倩：即荀粲，字奉倩，三国时期魏国尚书令荀彧之子。

【译文】

荀粲和妻子的感情很深，冬天妻子发高烧，荀粲就到院子里把自己冻冷，然后回到屋子，用自己的身体贴着妻子的身体，给她退烧。妻子去世后，荀粲没过多久也死了。

点 评

庄子意在通过"鱼失水所以呴濡"的形象，说明"人丧道所以亲爱之也"的道理（成玄英《庄子疏》），但是人与人之间患难与共的亲密感情，往往都是在苦难中"相濡以沫"而培养起来的，比如荀粲为其妻子治病的故事就是很好的例证，这就是所谓患难见真情。"相濡以沫"是令人感动的感情，"相忘于江湖"是一种超越的境界，"相忘"是对不忘的超越，所以，二者都是人在不同状态下产生的可贵的精神现象。

运斤成风情谊深长

　　庄子送葬，过惠子之墓①，顾谓从者曰："郢人垩慢其鼻端②，若蝇翼③，使匠石斫之④。匠石运斤成风⑤，听而斫之⑥，尽垩而鼻不伤⑦，郢人立不失容⑧。宋元君闻之，召匠石曰：'尝试为寡人为之。'匠石曰：'臣则尝能斫之⑨。虽然⑩，臣之质死久矣⑪。'自夫子之死也，吾无以为质矣，吾无与言之矣⑫。"

（节选自《徐无鬼》）

【注释】

①惠子：即惠施，战国时期宋国人，名家学派代表人物，与庄子同时。

②郢（yǐng）人：楚人。郢，楚国的都城，其地在今湖北江陵。　垩（è）：白泥。　慢：同"墁"，沾污。

③若蝇翼：指溅在鼻尖上的白泥像苍蝇翅翼一样薄。

④匠石：一个名叫石的匠人。　斫（zhuó）：砍削。

⑤运斤：挥动斧子。斤，斧。

⑥听而斫之：指郢人任凭其斫之。听，任凭。

⑦尽垩：指把鼻尖上的白泥点完全削掉。

⑧不失容：不失常态。

⑨尝：曾经。

⑩虽然：虽然如此，不过。

⑪质：对，这里指相互匹对的对象。下同此解。

卓立世俗的情操情怀

⑫无与言之：意指再没人可以与我辩论道理了。

【译文】

　　庄子去为一位死去的朋友送葬，途中经过惠子的坟墓，便回头对跟随的人说："郢都有个人，涂墙时鼻尖上沾了一滴白泥，就像蝇翅一样细薄，便让匠石替他削掉。匠石抡斧生风，郢人任他砍削，白泥被削得干干净净，而鼻子没伤一根汗毛，这个郢人站在那里神态自若。宋元君听说了这件事，把匠石召去说：'试试替我表演一下斫鼻的技巧。'匠石说：'我确实曾经可以把别人鼻尖上的泥点削掉。但是，我的搭档已经死去很久了。'自从惠子死了以后，我再没有对手了，我再没有可以与之论辩究理的人了。"

扩展阅读

　　钟子期死①，而伯牙绝弦破琴②，知世莫赏也；惠施死，而庄子寝说言③，见世莫可为语者也。

（《淮南子·修务训》）

【注释】

①钟子期：春秋时期楚国人。

②伯牙：春秋时期精于琴艺的人。伯牙鼓琴，意在高山流水，钟子期听懂了其中的含义。

③寝：停止。

【译文】

钟子期死了，伯牙就拉断琴弦，砸破琴瑟，因为这世上再也没有人能欣赏他的琴技乐曲了；惠施死后，庄子就停止了辩论，因为这世上再也没有人能同庄子谈论了。

❦ 点 评 ❦

庄周与惠施代表不同学派，他们为了究理而诘难论辩，既是对手，又是朋友，庄子对惠子的深切怀念，体现了他们之间存有一种思想家的理解和宽容。这种理解和宽容也就培植了深厚的友谊。

为了这份不寻常的思想家之间的友谊，庄子在怀念惠子时，引用了"匠石运斤成风"而"郢人立不失容"的故事，为此寄寓他失友的悲痛，这又非常生动地说明了学术上出现的论争，表面上看是对立与排斥，实际却是在探索真理的道路上的相互配合和通力合作。

钟子期与俞伯牙之间的友情，则是知己之间的惺惺相惜，与庄子和惠施一样，他们也有着心灵的交流与默契。

"鹓雏之志"情操高洁

惠子相梁①，庄子往见之。

或谓惠子曰："庄子来，欲代子相。"

于是惠子恐，搜于国中三日三夜②。

庄子往见之，曰："南方有鸟，其名鹓雏③，子知之乎？夫鹓雏，发于南海而飞于北海，非梧桐不止，非练实不食④，非醴泉不饮⑤。于是鸱得腐鼠⑥，鹓雏过之，仰而视之，曰：'吓！'今子欲以子之梁国而吓我邪？"

（节选自《秋水》）

【注释】

①相梁：为梁惠王相。

②国中：城中。

③鹓（yuān）雏：传说中与鸾凤同类的鸟。

④练实：竹子的果实。

⑤醴（lǐ）泉：如甜酒般的泉水。醴，一种甜酒。

⑥鸱（chī）：即"鸱鸮"，猫头鹰。

【译文】

惠施在梁国做相，庄子前去看望他。

有人对惠施说："庄子来，目的是要取代你做相。"

为此惠施很紧张，就在城内搜查起来，搜查了三天三夜。

庄子听说后就跑去见惠施，说："南方有一种鸟，名字叫鹓雏，你知道吗？鹓雏这种鸟，由南海飞往北海，沿途除了梧桐树决不栖息，若非竹实一概不吃，不遇甘泉一概不饮。正在这时，鸱鸮捡到了一只腐臭的老鼠，见鹓雏从它头上飞过，便仰起头来大叫一声：'吓！'现在，你是想拿你的梁国来吓我吗？"

扩展阅读

　　竺法深在简文坐①，刘尹问②："道人何以游朱门③？"答曰："君自见其朱门，贫道如游蓬户④。"

（《世说新语·言语》）

【注释】

①竺法深：名潜，晋时高僧，德行很高，善讲佛法，又兼通老庄之学，东晋君臣对他极为礼敬。　简文：即东晋简文

帝司马昱（yù）。

②刘尹：即刘惔（dàn），字真长，晋沛国相（今安徽濉溪西北）人，官至丹阳尹，即京都所在地区丹阳郡的行政长官。

③道人：晋代有称和尚为道人的习惯。　游：交游，游走。朱门：王侯贵族住宅大门漆作红色，所以称豪门贵族之家为朱门。

④蓬户：用蓬草编成的门，指贫苦之家。

【译文】

竺法深成了简文帝的座上客，丹阳尹刘惔问道："和尚怎么游走于富贵之家？"竺法深答道："您只看到富贵之家，对我来说，与游走于贫苦之家并无二致。"

点评

人各有志，不可相轻相妒，惠施有惠施的理想，庄子有庄子的情操。但如果以己热衷名利之心，猜度他人鹓雏之志，甚至百般设防，唯恐被贤者取代，那就会变得人格猥琐，心胸狭窄，犹如以腐鼠为美味的鸱鸮了。刘尹以自己的想法揣度竺法深，反而自讨没趣，这实在是因为思想之间有着鸿沟啊！

"林回弃璧" 人性闪光

假人之亡^①，林回弃千金之璧^②，负赤子而趋^③。

或曰："为其布与^④？赤子之布寡矣；为其累与^⑤？赤子之累多矣；弃千金之璧，负赤子而趋，何也？"

林回曰："彼以利合，此以天属也^⑥。"

夫以利合者，迫穷祸患害相弃也；以天属者，迫穷祸患害相收也。

（节选自《山木》）

【注释】

①假：国名。　亡：逃亡。假国遭晋国所灭，百姓出逃。

②千金之璧：价值千金的璧玉。璧，玉器，平圆形，正中有孔。古代贵族朝聘、祭祀时所用礼器，也可作装饰品，价值贵重。

③趋：快步走。

④为：通"谓"。　布：货币，指钱财。

⑤累：负担。

⑥天属：以天然骨肉相连系。

【译文】

假国人逃难，有个名叫林回的人抛弃了价值千金的玉璧，背着婴儿急忙逃跑。

卓立世俗的情操情怀

　　有人问道："要说钱财吧，婴儿比璧玉少得多；要说负担吧，婴儿比璧玉大得多；抛弃价值千金的璧玉，背上婴儿奔走，为的是什么呢？"

　　林回答道："那璧玉不过是因为值钱才跟我在一块儿，这婴儿可是血肉相连之亲啊。"

　　那以利益相结合的，迫于穷困祸患就会相互抛弃；以骨肉情长相连的，穷困祸患相逼时就会相互依靠。

扩展阅读

　　乐羊为魏将而攻中山①。其子在中山，中山之君烹其子而遗之羹②，乐羊坐于幕下而啜之③，尽一杯。文侯谓睹师赞曰④："乐羊以我之故，食其子之肉。"赞对曰："其子之肉尚食之，其谁不食！"乐羊既罢中山⑤，文侯赏其功而疑其心。

（《韩非子·说林上》）

①乐（yuè）羊：一作乐阳，乐毅的先祖，中山国人，他因
　翟璜推荐，被魏文侯任命为将军。
②遗（wèi）：馈赠，送给。
③幕：古代战争期间将帅办公的地方。　啜（chuò）：吃。
④文侯：即魏文侯，战国时期魏国的建立者。　睹师赞：魏
　文侯的大臣。
⑤罢：归。

【译文】

　　乐羊作为魏国的将领去攻打中山国。当时他的儿子就在
中山国内，中山国国君把他的儿子煮成人肉羹送给他，乐羊
就坐在军帐内端着肉羹喝了起来，一杯全喝完了。魏文侯对
大臣睹师赞说："乐羊为了我的国家，竟吃了自己儿子的
肉。"睹师赞却说："连儿子的肉都吃了，还有谁的肉他不敢
吃呢！"乐羊从中山国回来后，魏文侯奖赏了他的战功，却
怀疑起他的忠心来。

点　评

　　财富与亲情同是人所看重的，但当二者发生冲突而必须在其
中作出取舍选择时，人们的态度却未必相同。林回弃璧负子的故
事表现了人性中的光辉，而有些人则因过度看重利益而失去了人
性中的这份光辉，如名将乐羊，居然为了自己的战功而吃掉亲生
儿子的肉，实在令人难以置信。

　　这两个故事的意义不仅仅在于说明利益与亲情的关系，而且
引申为利益与道德、利益与道义等关系。这些，对于生活在商品
社会中的人们来说，都是具有启示意味的。

妙趣横生的
尖锐批判

"大盗""圣智"沆瀣一气

　　将为胠箧、探囊、发匮之盗而为守备^①，则必摄缄縢^②，固扃鐍^③，此世俗之所谓知也^④。然而巨盗至，则负匮、揭箧、担囊而趋，唯恐缄縢、扃鐍之不固也。然则乡之所谓知者，不乃为大盗积者也？

　　故尝试论之，世俗之所谓知者，有不为大盗积者乎？所谓圣者，有不为大盗守者乎？何以知其然邪？昔者齐国邻邑相望，鸡犬之音相闻，罔罟之所布^⑤，耒耨之所刺^⑥，方二千余里。阖四竟之内^⑦，所以立宗庙社稷^⑧，治邑屋州闾乡曲者^⑨，曷尝不法圣人哉^⑩！然而田成子一旦杀齐君而盗其国^⑪。所盗者岂独其国邪？并与其圣知之法而盗之。故田成子有乎盗贼之名，而身处尧、舜之安，小国不敢非^⑫，大国不敢诛^⑬，专有齐国^⑭。则是不乃窃齐国，并与其圣知之法以守其盗贼之身乎？

　　　　　　　　　　　　　　　　（节选自《胠箧》）

【注释】

①胠（qū）：撬开。　箧（qiè）：箱子之类的盛物器具。

　匮（guì）：同"柜"，柜子。

②摄：绑紧。　缄縢（jiān téng）：绳子。

③扃（jiōng）：插栓。　镢（jué）：箱子上安锁的部件。

④知：通"智"。

⑤罔：即网。　罟（gǔ）：网的总称。

⑥耒（lěi）：犁。　耨（nòu）：古代锄草的农具。　刺：插入。

⑦阖（hé）：全部。　竟：通"境"。

⑧宗庙：同宗之庙，祭祀祖先的地方。　社稷：祭祀土神和谷神的地方。

⑨邑、屋、州、闾、乡：古代各级行政区划名称。　曲：偏僻的小地方。

⑩曷：同"何"。

⑪田成子：即田常，本为陈国人，故又称陈恒，其先祖田完从陈国来到齐国，成了齐国的大夫，改为田氏。田常于鲁哀公十四年杀了齐简公，齐国大权落入田氏之手，后来田常的曾孙又废齐自立，仍称"齐"。

⑫非：非议，责难。

⑬诛：讨伐。

⑭专有齐国：今本作"十二世有齐国"，疑误，今依据严灵峰之说改为"专有齐国"。

【译文】

为对付撬箱子、掏袋子、开柜子的小偷而作防范准备，便一定要把绳子捆得紧紧的，把插栓、锁钥加固得牢牢的，这就是世俗所认为的聪明做法。然而大盗来了，背起柜子、扛起箱子、挑起袋子就跑了，他们唯恐捆得不紧，插栓、锁钥加固得不牢哩。如此看来，那先前所讲的聪明的做法，不正是替大盗做准备吗？

所以不妨就这个问题再深入论证如下，世俗所认为的聪明行径，有哪些不是在替大盗做准备呢？所说的圣人，又有哪一个不是在替大盗充当看守呢？根据什么知道是这样呢？

妙趣横生的尖锐批判

从前齐国村邑毗邻，彼此相望，鸡鸣犬吠的声音相互都可以听到，渔猎的网罟所布设的范围，犁锄农具所耕作的土地，方圆二千多里。整个国境以内，所设立的宗庙、社稷，建置的大大小小的行政区划，何尝不是在效法圣人呢！然而田成子一下子就杀掉了齐王而窃取了齐国，他所窃取的难道仅仅是那个国家吗？他是连同那些所谓圣明智慧的礼法都窃取去了。所以田成子虽然有了盗贼的名号，却仍然身处尧、舜一样的安稳地位，小国不敢非议，大国不敢讨伐，世世代代窃据齐国。这岂不是把齐国连同那些圣明智慧的礼法全都窃取了，从而用来掩饰维护他这盗贼的身份吗？

扩展阅读

夫婴儿相与戏也，以尘为饭，以涂为羹，以木为戭①，然至日晚必归饷者②，尘饭涂羹可以戏而不可食也。夫称上古之传颂，辩而不悫③，道先王仁义而不能正国者④，此亦可以戏而不可以为治也。夫慕仁义而弱乱者，三晋也⑤；不慕而治强者，秦也，然而未帝者⑥，治未毕也。

（《韩非子·外储说左上》）

【注释】

①胾（zì）：切成大块的肉。

②饷：吃饭，进餐。

③辩：言辞巧妙动听。 悫（què）：诚实，谨慎。此处指厚道朴实。

④正国：治好国家，把国家引向正路。

⑤三晋：指分晋为三的韩、赵、魏三国。

⑥未帝：未能统一天下的称帝。

【译文】

　　小孩子之间玩游戏，以尘土作为饭，以泥水作为汤，以木头作为肉块。但到了晚上必定会回家吃饭，这是因为尘土饭、泥水汤可以用来游戏却不能拿来吃。那些盛称上古的传说，虽然动听却不实在，满口说着先王的仁义却不能使国家走上正路，这样的情形都是可以用来游戏却不能用来治理国家的。恋慕仁义却使得国家弱小混乱的，是三晋；不恋慕仁义而使得国家安定强大的，是秦国，然而秦国还没有统一天下而称帝的原因，是因为治理还没有完善。

点 评

　　这是庄子揭露当时统治者夺取国家政权，随之也利用既成礼法维护其统治的合法性的一段论述。历代封建统治者，基本都是走的这条路，所以庄子在这段论述后所提出的"彼窃钩者诛，而窃国者为诸侯，诸侯之门，而仁义存焉"的论断，就直指封建社会上层建筑的本质，成为刺向"神圣的丑恶""习惯性的伪善"的锋芒利剑，因之也成为中国古代思想家中，揭露封建王权本质最深刻、最具批判性的言辞。庄子的这类言辞可以说是封建王权时代文化环境中逆向思维的典型、突围精神的代表了。所谓的"仁义"，有时不过是一种粉饰的手段，有时甚至起到了助纣为虐的效果。庄子批判了这种虚伪的仁义，韩非子更直接地将仁义弃如敝屣。

诵经掘墓，滥用诗礼

儒以诗礼发冢①。

大儒胪传曰②：“东方作矣③，事之何若？”小儒曰：“未解裙襦④，口中有珠。”“诗固有之曰⑤：‘青青之麦，生于陵陂⑥，生不布施，死何含珠为⑦！’接其鬓⑧，压其颏⑨，儒以金椎控其颐⑩，徐别其颊⑪，无伤口中珠！”

（节选自《外物》）

【注释】

①发冢（zhǒng）：盗挖坟墓。

②胪（lú）传：由上向下传话。

③东方作：指太阳出来了。

④裙：下裳。 襦（rú）：上衣。

⑤诗：古代逸诗。

⑥陵陂（bēi）：山坡。

⑦何含珠为："为何含珠"的倒装。

⑧接：扎束。

⑨颏（huì）：下颔上的胡须。

⑩儒：《艺文类聚·宝玉部》引作"而"，可从之。 控：敲打。 颐：下巴。

⑪徐：慢慢地。 别：分开。

【译文】

　　儒士表面上运用诗书而暗地里却在盗挖坟墓。

　　大儒在墓外向墓穴里低声传话说："太阳出来了，事情干得怎么样了？"小儒在墓穴里回答说："衣裙还没解下来，口中还有颗宝珠。"大儒便说："古诗中有这样的话：'青青麦苗儿，长在山坡上，生前吝啬不施舍，死后为何还含宝珠！'你把他的鬓发扎起来，压住他下巴上的胡须，用铁锤轻敲他的下巴，再慢慢撬开两颊，千万别损坏了口中那颗宝珠啊！"

扩展阅读

　　有两塾师邻村居，皆以道学自任①。一日，相邀会讲，会徒侍坐者十余人。方辩论性天，剖析理欲，严词正色，如对圣贤。忽微风飒然②，吹片纸落阶下，旋舞不止。生徒拾视之，则二人谋夺一寡妇田，往来密商之札也。

（《阅微草堂笔记·两塾师》）

【注释】

①道学：儒家的道德学问。

②飒（sà）然：形容风吹时沙沙作响。

【译文】

　　两位私塾先生，他们住在相邻的村里，都自诩自己满腹道德学问。一天，他们相约在一起讲解理学，前来听讲的学生达十多人。当时正辩论人性的善恶，剖析天理的诉求，两位先生神态庄重，言词恳切，如同看到了景仰的圣贤。忽然，微风徐来，一张纸片吹落到台阶下，旋转不停。一位学生拾起一看，原来是两位先生关于密谋夺取村中一位寡妇的田产而往来的信件。

点 评

　　传授诗书礼仪是儒者所奉的社会职业，夜黑发冢是盗墓贼的惯用伎俩，庄子竟把这绝不相容的"神圣"与"丑恶"巧妙地结合起来，看似荒诞不经，却形成了多么启人深思的幽默，又是多么辛辣尖锐的讽刺。整个寓言写大儒带领小儒，于深更半夜，在掘开的坟圹间，一问一答，以"生不布施，死何含珠为"这样滑稽的诗书之教，作为自己挖坟盗墓的"正大光明"的道德依据。故事本身虽属荒唐，但所反映的现象却具有现实性和一般性。纪昀笔下记录的两塾师也是中国社会中屡见不鲜的假道学的代表。以冠冕堂皇的礼仪、言辞作粉饰，行止却卑微下作，内心污秽不堪，实在让人思之作呕！

"蜗角之争"何利可求

戴晋人曰^①："有所谓蜗者，君知之乎^②？"

曰："然^③。"

"有国于蜗之左角者曰触氏，有国于蜗之右角者曰蛮氏^④，时相与争地而战，伏尸数万，逐北旬有五日而后反^⑤。"

君曰："噫^⑥！其虚言与？"

曰："臣请为君实之^⑦。君以意在四方上下有穷乎^⑧？"

君曰："无穷。"

曰："知游心于无穷^⑨，而反在通达之国^⑩，若存若亡乎^⑪？"

君曰："然。"

曰："通达之中有魏^⑫，于魏中有梁^⑬，于梁中有王。王与蛮氏，有辩乎^⑭？"

君曰："无辩。"

客出而君惝然若有亡也^⑮。

（节选自《则阳》）

【注释】

①戴晋人：魏国贤人。

②君：指梁惠王魏莹。下文即戴晋人与魏莹的对话。

③然：表示肯定，赞同别人的话。

④触氏、蛮氏：指在蜗牛头部两对触角上所建起的国家。

⑤逐北：追逐败兵。北，败。　旬有五日：十五天。

⑥噫：表感叹的语气词。

⑦实：作动词用，证实的意思。

⑧意：意料，想象。　四方上下：宇宙。

⑨游心：指驰骋想象。

⑩通达之国：指人马舟车所能到达的地方。

⑪若存若亡：如有如无。此句的大意是：人类所生活的四海之内，放在无穷的宇宙之内，简直是如有如无了。

⑫有魏：意指魏国只占四海之内的一隅。

⑬有梁：梁，魏国都城，今河南开封。

⑭辩：同"辨"，分别。

⑮惝（chǎng）然：怅惘失意的样子。

【译文】

戴晋人对梁惠王说："一种小动物叫蜗牛，您知道吗？"

回答说："当然知道。"

戴晋人说："有建国在蜗牛左边触角之上的叫触氏，有建国在蜗牛右边触角之上的叫蛮氏，经常为争夺地盘而开战，每战抛弃的尸体就有数万，胜利的一方追逐败逃的一方往往达半月之久才收兵。"

梁惠王说："哎呀！你大概是说谎话吧？"

戴晋人说："就请让我替您证实它。在您看来宇宙有穷尽吗？"

梁惠王回答："无穷。"

戴晋人说："您知道当驰骋想象游心于无穷的宇宙之后，再回到人所居住的四海之内，两相对比，渺小的通达之国不是如有如无吗？"

梁惠王回答说："是的。"

　　戴晋人说："在通达之国中有个魏国，在魏国之中有个梁，在梁国有您这个君王。从在整个宇宙中的地位来看，大王您和蛮氏有什么区别吗？"

　　梁惠王回答说："是没有区别。"

　　戴晋人辞出，梁惠王怅然若有所失。

扩展阅读

　　周之尹氏大治产，其下趣役者侵晨昏而弗息①。有老役夫筋力竭矣，而使之弥勤。昼则呻呼而即事，夜则昏惫而熟寐。精神荒散，昔昔梦为国君②。居人民之上，总一国之事。游燕宫观③，恣意所欲，其乐无比。觉则复役。人有慰喻其勤者。役夫曰："人生百年，昼夜各分④。吾昼为仆虏，苦则苦矣；夜为人君，其乐无比。何所怨哉？"尹氏心营世事，虑钟家业⑤，心形俱疲，夜亦昏惫而寐。昔昔梦为人仆，趋走作役，无不为也；数骂杖挞，无不至也。眠中噭呓呻呼⑥，彻旦息焉。尹氏病之⑦，以访其友。友曰："若位足荣身，资财有余，胜人远矣。夜梦为仆，苦逸之复，数之常也。若欲觉梦兼之，岂可得邪?"尹氏闻其友言，宽其役夫之程^⑧，减己思虑之事，疾并少间^⑨。

(《列子·周穆王》)

【注释】

①趣：同"趋"，趋走，这里有强迫做事的意思。　役者：指仆人。　侵：接近。

②昔昔：每晚。昔，通"夕"，夜晚。

③燕：通"宴"，宴饮。　观（guàn）：庙宇。

④分：一半。

⑤钟：专注。

⑥唔咿（án yì）：说梦话。

⑦病：此处作"痛苦""忧虑"讲。

⑧程：程度、限度。

⑨疾：这里作"痛苦""忧虑"讲。　少：通"稍"。　间：间歇，这里指痛苦减轻。

【译文】

　　周朝有个姓尹的人大力经营产业，在他手下服役的仆人从清晨到黄昏都不得休息。有个老役夫的筋力已经消耗尽了，对他的使唤反而更多。老仆人白天呻吟呼喊着干活，夜晚昏沉疲惫地熟睡。由于精神恍惚散漫，每天夜里都梦见自己当了国君。地位在百姓之上，总揽一国大事。在宫殿庙宇中游玩饮宴，想干什么就干什么，快乐无比。醒来后继续服役。有人对他过于勤苦进行安慰。老役夫说："人一生活一百年，白天与黑夜各有一半。我白天做奴仆，苦是苦了；但晚上做国君，则快乐无比。有什么可怨恨的呢?"尹氏一心经营世间之事，思虑集中在家业上，心灵与形体都很疲劳，夜里也昏沉疲惫而睡。每天夜里梦见自己当了奴仆，奔走服役，什么活都干；挨骂挨打，什么罪都受。睡眠中呻吟呼喊，一直到天亮才停止。尹氏痛苦忧愁，便去询问他的朋友。朋友说："你的地位足以使你荣耀，你的财产用也用不完，超过别人很多很多了。夜里梦见做了奴仆，这一苦一乐的循环往复，是一般的自然规律。你想在醒时与梦中都很快乐，怎么能做到呢？"尹氏听了他朋友的话，便放宽了役夫劳作的程度，减少了自己苦心思虑的事情，他和役夫的苦也就都减轻了。

点　评

战国时代，近二百年间，共发生过二百余次战争，可称是中国历史上战争最频繁的时期。大国之君为争夺土地和财富，动辄大动干戈，涂炭生民。梁惠王就是其中的好利好战之君。庄子借戴晋人之口把当时"争地以战，杀人盈野；争城以战，杀人盈城"（《孟子》）的残酷战争，说成是蜗牛左右角上两个国家之间发生的战争，并且使梁惠王在严密的逻辑推论面前不得不承认自己就是蛮氏的国君。虽然这推论让梁惠王有怅然若失之感，但是，为了区区集团利益和满足统治欲望而不惜流血伏尸，到头来究竟达到了什么目的？

《列子》中提到的"尹氏"，其实也是因为一些无甚意义的事情在繁忙苦恼着。无论是国家之间的攻伐战争还是个人之间的利益倾轧，究竟有什么终极的意义呢？战争的得失在宇宙中显得渺小的不值一提，主仆之间的利益算计也在梦与现实的转化中变得无足轻重了。

"桓公见鬼" 霸业作祟

桓公田于泽[①]，管仲御[②]，见鬼焉。公抚管仲之手曰："仲父何见[③]？"

对曰："臣无所见。"

公反，诶诒为病[④]，数日不出。齐士有皇子告敖者曰[⑤]："公则自伤，鬼恶能伤公！夫忿滀之气[⑥]，散而不反[⑦]，则为不足；上而不下，则使人善怒；下而不上，则使人善忘；不上不下，中身当心[⑧]，则为病。"

桓公曰："然则有鬼乎？"

曰："有。沉有履[⑨]，灶有髻[⑩]。户内之烦壤[⑪]，雷霆处之；东北方之下者，倍阿、鲑蠪跃之[⑫]；西北方之下者，则泆阳处之[⑬]。水有罔象[⑭]，丘有峷[⑮]，山有夔[⑯]，野有彷徨[⑰]，泽有委蛇[⑱]。"

公曰："请问委蛇之状何如？"

皇子曰："委蛇，其大如毂[⑲]，其长如辕[⑳]，紫衣而朱冠。其为物也，恶闻雷车之声，则捧其首而立。见之者殆乎霸[㉑]。"

桓公辴然而笑曰[㉒]："此寡人之所见者也。"

于是正衣冠与之坐，不终日而不知病之去也。

（节选自《达生》）

妙趣横生的尖锐批判

【注释】

①田：打猎。　泽：沼泽地带。

②御：驾车。

③仲父：桓公对管仲的尊称。

④诶诒（xī yí）：因神志不清而发出的呓语与呻吟声。

⑤皇子告敖：人名，复姓皇子，名告敖。

⑥忿滀（xù）：指滞结在人体内的怒气。忿，怒。滀，结聚。

⑦不反：指不归于身。

⑧中（zhōng）身当心：指怒气聚结于身心。

⑨沉：污水积聚的沟渠。　履：神名。

⑩髻（jié）：灶神，传说穿红衣，形如美女。

⑪烦壤：喧闹之处。壤，通"攘"。

⑫倍阿、鲑蠪（guī lóng）：均为神名。

⑬泆（yì）阳：神名，传说豹头马尾。

⑭罔象：水神。

⑮峷（xīn）：山鬼。

⑯夔（kuí）：山神。

⑰彷徨：旷野之神。

⑱委蛇（wēi yí）：沼泽之鬼。

⑲毂（gǔ）：车轮中心部分，中有圆孔以插轴，这里指车轮。

⑳辕：车辕，大车前驾牲口的直木。

㉑殆：接近。　霸：指成为霸主。

㉒辴（zhěn）然：开怀大笑的样子。

【译文】

　　齐桓公在沼泽地里打猎，管仲为他驾车，遇到了鬼。桓公抚摸着管仲的手问道："仲父见到什么了吗？"

　　管仲回答说："我什么也没见到。"

　　桓公回到宫中，梦言呓语而患上了病，好多天不出见群臣。齐国士人皇子告敖对桓公说：“是您自己伤害了自己，鬼神怎能伤害您呢！人体内愤急而郁结的气，如果突然涣散而收不回来，人就会显得中气不足；郁结的气如果上升而不下降，那就使人好发怒；如果下降而不上升，那就使人健忘；如果既不上升，也不下降，聚结在心区，那就会使人生病。”

桓公说：“这样说来，那么到底有没有鬼呢？”

皇子告敖回答说：“有。脏水污泥之处有鬼叫履，灶上有鬼叫髻。房舍里最吵闹的地方有鬼叫雷霆；东北方的洼地里有名叫倍阿、鲑蠪的鬼跳来跳去；西北方的洼地里，有名叫泆阳的鬼盘踞在那里；水里有鬼叫罔象；丘陵有鬼叫峷；山上有鬼叫夔；旷野有鬼叫彷徨；大泽有鬼叫委蛇。”

桓公问：“请问委蛇鬼的形状是什么样子？”

皇子说：“委蛇，它身躯大如车轮，长如车辕，穿着紫衣，戴着朱帽。那东西，最怕听雷车之声，一听到就捧着脑袋站起来。看到这种鬼的人很快就要成为霸主了。”

桓公听罢不由得开怀大笑，说：“我见到的鬼正是它。”

于是齐桓公整理衣帽与皇子告敖同坐共语，不到一天病就不知不觉消失得无影无踪了。

扩展阅读

朕用事华山①，至于中岳②，获驳麃③，见夏后启母石④。翌日亲登嵩高⑤，御史乘属⑥，在庙旁吏卒咸闻呼万岁者三。登礼罔不答。其令祠官加增太室祠⑦，禁无伐其草木。以山下户三百为之奉邑⑧，名曰崇高，独给祠，复亡所与。

（《汉书·武帝纪》）

【注释】

①朕（zhèn）：我，自秦始皇起，专用作皇帝自称。

②中岳：即嵩山，位于今河南登封西北。

③驳麃（biāo）：传说中的异兽。

④夏后启母石：相传夏禹娶涂山氏，生子夏启，而涂山氏化为石。

⑤嵩高：山名，即嵩山。

⑥御史乘属：御史属官，负责护卫天子车驾。

⑦太室祠：祭祀太室山神的场所。嵩山主体分东西两部分，东为太室山，西为少室山。太室、少室因山多石室而得名。一说涂山氏生启于太室山，山下建启母庙，故名；夏禹的第二个妻子涂山氏之妹栖于少室山，山下建少姨庙，故名。

⑧奉邑：以收取赋税作为俸禄的封地。

【译文】

我祭祀华山，又到中岳，猎驳麃，见到夏启母之化身石。次日，亲身登上嵩山，护车随从的御史、在庙旁官吏、兵卒都听到三声呼喊万岁的声音。登山祭祀的礼仪没有不回答的。让祭祀官修缮加固太室祠，禁止砍伐山上草木。用山下三百户的赋税作为祭祀的费用，命名为崇高邑，专供祭祀，免除其徭役及其他杂务。

❧ 点 评 ❧

鬼是心之魔。齐桓公在沼泽地打猎遇鬼而患病，是由于处心积虑的心病所致——深怕不能成就霸业。深谙心理学的皇子告敖非常了解齐桓公的心病，所以他才能对因对症"下药"，以"见之者殆乎霸"的心理治疗，使齐桓公开怀大笑，不但病立时消失得无影无踪，而且恨不得多见几次鬼。信鬼神的齐桓公患的是心病，而大讲鬼神的皇子告敖却是高明的心理医生。

汉武帝同样有求仙升天、好大喜功的心病，恐怕也是由于类似的心理按摩法，才听到了山呼万岁之声吧?

"鲁国少儒" 假多真少

庄子见鲁哀公①。

哀公曰："鲁多儒士，少为先生方者②。"

庄子曰："鲁少儒。"

哀公曰："举鲁国而儒服，何谓少乎？"

庄子曰："周闻之，儒者冠圜冠者③，知天时；履句屦者④，知地形；缓佩玦者⑤，事至而断。君子有其道者，未必为其服也；为其服者，未必知其道也。公固以为不然，何不号于国中曰⑥：'无此道而为此服者，其罪死！'"

于是哀公号之五日，而鲁国无敢儒服者，独有一丈夫儒服而立乎公门。公即召而问以国事，千转万变而不穷。

庄子曰："以鲁国而儒者一人耳，可谓多乎？"

（节选自《田子方》）

【注释】

①鲁哀公（约公元前494～前476年在位）比庄子（约公元前369～前286年）早120年，这里说二人相见，是寓言的写法。

②方：道术。

③圜（yuán）冠：圆顶的帽子。圜，同"圆"。

④句屦（jù）：方形的鞋子。屦，麻、葛等制成的草底鞋。

⑤缓：从容自在的样子。　佩玦：佩挂着玉玦。玦，半环形有缺口的佩玉，古代常用以赠人表示决绝。

⑥号：号令。

【译文】

　　庄子去见鲁哀公。

　　哀公说："我们鲁国有很多儒士，学先生道术的却很少。"

　　庄子说："我在鲁国很少看到什么儒士。"

　　哀公说："全鲁国的人几乎都穿儒士的服装，怎么能说很少看见呢？"

　　庄子说："我听说，儒士头戴圆顶的帽子，表示上通天文；脚穿方形的鞋子，表示下晓地理；身上佩带玉玦，表示遇事处置果断。其实，真正具有这些知识才能的人，未必都穿着这样的服装；穿着这样服装的人，未必就真正有这样的知识才能。您当然一定不相信，那么为什么不在国内发布这样一项命令：'凡是没有这种道术修养而穿这样服装的人，一律处以死刑！'"

于是，鲁哀公发布号令五天，鲁国便没人敢再穿儒士服装了，唯独有一男子穿着儒士服站在朝门之外。哀公立刻召见他问以国家大事，无论问题多么复杂他都能对答如流。

庄子说："鲁国这样大而真正称得起儒士的只有这一个人，可以说是多吗？"

扩展阅读

徐偃王之状①，目可瞻焉；仲尼之状，面如蒙倛②；周公之状，身如断菑③；皋陶之状④，色如削瓜；闳夭⑤之状，面无见肤；傅说之状，身如植鳍⑥；伊尹之状，面无须麋⑦；禹跳⑧，汤偏⑨，尧、舜参牟子⑩。从者将论志意，比类文学邪？直将差长短⑪，辨美恶，而相期傲邪？

（《荀子·非相》）

【注释】

①徐偃王：周代徐国君主，以仁义著称，又自称为王。

②蒙：蒙上，戴上。　倛（qī）：同"魌"，古时人们驱疫辟邪时所用的一种面貌丑恶的假面具。

③菑（zī）：通"椔"，立着的枯树。

④皋陶（gāo yáo）：传说为东夷族的首领，曾被舜任命为掌管刑狱的官。

⑤闳（hóng）夭：周文王的臣子。文王被商纣王囚禁时，他曾设法解救。

⑥傅说（yuè）：商王武丁的相。　植：立。　鳍：通"楮"（zhī），柱子。

⑦伊尹：商汤的相。他辅助汤消灭了夏桀。　麋：通"眉"。

⑧跳：跛脚。

⑨偏：半身偏枯。

⑩牟：通"眸"。

⑪直：只。　差：区别。

【译文】

徐偃王的相貌，眼睛可以向上看到前额；孔子的相貌，脸好像蒙上了一个丑恶难看的驱邪鬼面具；周公旦的相貌，身体好像一棵折断的枯树；皋陶的相貌，脸色就像削去了皮的瓜那样呈青绿色；闳夭的相貌，脸上的鬓须多得看不见皮肤；傅说的相貌，身体好像竖着的柱子；伊尹的相貌，脸上没有胡须眉毛。禹瘸了腿，走路一跳一跳的，汤一侧肢体瘫痪，尧、舜的眼睛里有两个并列的瞳仁。信从相术的人究竟是考察他们的志向思想，比较他们的学问呢，还是只区别他们的高矮，分辨他们的美丑来攀比呢？

点　评

鲁哀公眼里的儒士是身着儒服，所以，在周公所封之国、儒学所兴之地的鲁国，自然是"举鲁国而儒服"——儒士多得很。

与只重其表不看其实的鲁哀公不同，庄子认定儒士的标准是重其实——看是否有道有术，是否有真才实学。如果只看重其表，而不重其实，弄虚作假、名不副实的现象就会大量出现，真正的人才反而会由于"假货"的充斥、泛滥，而受到挤压和排斥。

从荀子的一番描述中，我们也可以发现，如果取士用人只看表面现象的话，有多少异士能人会被埋没啊。

"舐痔得车" 无耻炫耀

  宋人有曹商者,为宋王使秦①。其往也,得车数乘②;王说之③,益车百乘④。反于宋⑤,见庄子曰:"夫处穷闾阨巷⑥,困窘织屦⑦,槁项黄馘者⑧,商之所短也;一悟万乘之主而从车百乘者⑨,商之所长也。"

  庄子曰:"秦王有病召医,破痈溃痤者得车一乘⑩,舐痔者得车五乘⑪,所治愈下,得车愈多。子岂治其痔邪,何得车之多也?子行矣!"

(节选自《列御寇》)

【注释】

①宋王：指宋偃王。

②乘（shèng）：车乘。

③王：指秦惠王。　说（yuè）：同"悦"。

④益：增加，加多赐予。

⑤反：返。

⑥穷间阨（ài）巷：偏僻窄陋的里巷。阨，通"隘"，狭窄。

⑦屦：麻鞋。

⑧槁项黄馘（guó）：脖颈干枯，面黄肌瘦。槁，干枯。项，脖颈。馘，头，这里指脸。

⑨一悟：见上一面。悟，通"晤"。

⑩痈（yōng）：毒疮。　痤（cuó）：疖子。

⑪舐（shì）：舔。

【译文】

　　宋国有个叫曹商的人，替宋王出使到秦国。他去的时候，从宋王那里得到几辆车子；到秦国后，秦王十分高兴，又加赐给他百辆车子。曹商返回宋国见到庄子。说："住在偏僻窄陋的街巷，依靠编织草鞋维持生活，营养不良，脖颈干枯，面黄肌瘦，这是我不如别人的地方；有机会与万乘大国的君主见上一面就能得到百辆车子，这才是我的特长啊！"

　　庄子说："听说秦王有病，召请医生诊治。凡是替他破脓穿疖的便可得车一辆，凡是替他舐干净痔疮的血的，可得车五辆，治病的部位越是低下，得到的车子也就越多。你难道治疗过秦王的痔疮吗，不然怎么会得到这么多辆车子呢？你走吧！"

妙趣横生的尖锐批判

扩展阅读

再思自历事三主①，知政十余年②，未尝有所荐达③。为人巧佞邪媚④，能得人主微旨⑤，主意所不欲，必因而毁之，主意所欲，必因而誉之。然恭慎畏忌，未尝忤物⑥。或谓再思曰⑦："公名高位重，何为屈折如此。"再思曰："世路艰难，直者受祸。苟不如此，何以全其身哉！"长安末⑧，昌宗既为法司所鞫⑨，司刑少卿桓彦范断解其职⑩。昌宗俄又抗表称冤，则天意将申理昌宗，廷问宰臣曰："昌宗于国有功否？"再思对曰："昌宗往因合炼神丹，圣躬服之有效，此实莫大之功。"则天甚悦，昌宗竟以复职。时人贵彦范而贱再思也。时左补阙戴令言作《两脚野狐赋》以讥刺之，再思闻之甚怒，出令言为长社令，朝士尤加嗤笑。再思为御史大夫时，张易之兄司礼少卿同休尝奏请公卿大臣宴于司礼寺，预其会者皆尽醉极欢。同休戏曰："杨内史面似高丽。"再思欣然，请剪纸自贴于巾，却披紫袍，为高丽舞，萦头舒手，举动合节，满座嗤笑。又易之弟昌宗以姿貌见宠幸，再思又谀之曰⑪："人言六郎面似莲花；再思以为莲花似六郎，非六郎似莲花也。"其倾巧取媚也如此。

（《旧唐书·杨再思列传》）

【注释】

①再思：杨再思，唐代宰相。

②知：主管。

③荐达：推荐，推举。

④巧佞（nìng）：机巧奸诈，阿谀奉承。　邪：不正派。

　媚：谄，逢迎。

⑤人主：皇帝。　微旨：即话语中隐含的意思。

⑥忤（wǔ）物：指触犯人或与人不合。

⑦或：有的人。

⑧长安：武则天时期的年号，从701年十月至705年正月。

⑨昌宗：张昌宗，武则天宠臣。 鞫（jū）：审问。

⑩桓彦范：唐代大臣，为人正直敢言。

⑪谀（yú）：谄媚，奉承。

【译文】

　　杨再思在朝廷任职经历了三主，管理政事十余年，从来没有为朝廷举荐过人才。他为人巧佞邪媚，能体会主上的细微心意，皇上心中不想的，他一定抨击毁坏，皇上心中所希望的，他一定称扬赞誉。但是他待人恭、处事慎，从未违忤他人。有人问杨再思："您名高位重，为什么卑躬曲膝如此呢？"再思答道："世路艰难，直者受祸。如果我不这样，何以保全自己呢？"长安末年，张昌宗已被执法机关拘押受审，司刑少卿判决解除张昌宗的职务。张昌宗不久又上表申冤，武则天本想审理张宗昌的案件，在朝廷之上问宰相道："张昌宗对国家有功没有？"杨再思回答道："张昌宗过去炼神丹，陛下服用很有效，这实在是没有什么能比得了的功劳。"武则天听了很合心意，恢复了张昌宗的官职。时人看重桓彦范，看贱杨再思。当时左补阙戴令言做《两脚野狐赋》来讥讽杨再思，他知道了很恼火，贬戴令言到长社去做县令，朝中官员更加嗤笑他。杨再思做御史大夫时，张易之之兄司礼少卿张同休曾上奏请公卿大夫到司礼寺参加宴会，参加的人皆尽醉极欢。张同休戏弄杨再思说："杨内史面似高丽人。"杨再思很高兴，剪纸贴在巾上，披着紫袍，跳起高丽舞来，摇头摆手，举动合着节拍，满座嗤笑。还有一次，张易之的弟弟张昌宗以姿貌讨得武则天的宠爱，杨再思又奉承说："别人说六郎（张昌宗）面似莲花；我看是莲花似六郎，哪里是六郎似莲花！"他倾巧取媚达到如此的地步。

点 评

舔痔得车，却沾沾自喜，逢人大加炫耀，曹商的可憎形象就是一切势利小人、苟全之徒的典型。曹商得车未必由于舔痔，但他为求得富贵利达而表现出的卑鄙无耻，却活该得到这样的痛骂。唐朝宰相杨再思同样是一位善于奉迎的人，他谄媚的方式和语言，让人看起来都觉得脸红。反观当今社会，我们也会发现不少如曹商、杨再思之流的人物吧。

涸辙之鱼的悲愤

庄周家贫，故往贷粟于监河侯①。

监河侯曰："诺。我将得邑金②，将贷子三百金，可乎？"

庄周忿然作色曰："周昨来，有中道而呼者③。周顾视车辙中，有鲋鱼焉④。周问之曰：'鲋鱼来⑤！子何为者邪？'对曰：'我，东海之波臣也⑥。君岂有斗升之水而活我哉？'周曰：'诺。我且南游吴越之王⑦，激西江之水而迎子⑧，可乎？'鲋鱼忿然作色曰：'吾失我常与⑨，我无所处。吾得斗升之水然活耳，君乃言此，曾不如早索我于枯鱼之肆⑩！'"

（节选自《外物》）

【注释】

①贷粟：借粮。　监河侯：刘向《说苑》作"魏文侯"。

②邑金：封邑收取的赋税。

③中道：途中。　呼：呼救。

④鲋（fù）鱼：鲫鱼。

⑤来：语气词。

⑥波臣：水族王国中的一名臣子。

⑦游：指游说。

⑧激：激扬，把水从低处引到高处。

⑨常与：常所，指鱼的正常生活环境。
⑩曾：还。　索：求，寻找。　肆：市集上的店铺。

【译文】

　　庄周家里很穷，因此去找监河侯借粮。

　　监河侯说："好。我就要收取封邑的税金了，可以借给你三百金，好吗？"

　　庄周听后脸色骤变，忿忿地说："我昨天来这里，半路上听到有呼救声。我回头一看，原来在车轮碾成的坑道里，有一条鲫鱼在挣扎。我问它说：'鲫鱼！你在干什么呢？'鲫鱼答道：'我是东海里的水族，您可有一升半斗的水救救我这条命吗？'我说：'好。我正要到南方去游说吴国越国的国王，把西江的水引过来迎接你，可以吗？'鲫鱼气得变了脸色说：'我失去了正常的生活环境，已经无处安身。我只求你给我一升半斗的水好活命，可是你却说这样的话，还不如趁早到干鱼市场上去找我！'"

扩展阅读

　　鲁穆公使众公子或宦于晋①，或宦于荆②。犁钼③曰："假人于越而救溺子④，越人虽善游⑤，子必不生矣。失火而取水于海，海水虽多，火必不灭矣，远水不救近火也。今晋与荆虽强，而齐近，鲁患其不救乎！"

（《韩非子·说林上》）

【注释】

①鲁穆公：战国初期鲁国国君，元公子，名显。　宦：做官。

②荆：楚国的别称。

③犁钼（jū）：鲁国大臣。

④假：依靠，凭借。

⑤越人：越国人。越国是春秋战国时期位于东南方的诸侯国。

【译文】

　　鲁穆公让自己的儿子们有的去晋国做官，有的去楚国做官。犁钼说："从越国借人来救溺水的孩子，越国人虽然善于游泳，但孩子一定救活不了。失火而从海里取水来救，海水虽然很多，但火一定扑不灭了，因为远水救不了近火。现在晋国和楚国虽然强大，但齐国离鲁国近，如果受到齐国攻击，鲁国的祸患恐怕难救了！"

点　评

　　庄周请监河侯贷粟的故事，虽是一个寓言，但它却有本质的真实性——历史上有很多类似监河侯这样的统治者，非但对穷人的急难不予施救，还常常故作姿态，用慷慨动听的大话来遮盖他们的悭吝。不施斗升之水，却大谈激西江之水，迎鲋鱼于道辙以归东海，这种无济于事的夸夸其谈怎么掩盖得了见死不救的冷酷？难怪鲋鱼会忿然作色，直截了当地戳穿这种伪善中所包藏的残酷了！

　　远水救不了近火，这是大家都应该明白的道理。但有的人却和鲁穆公一样见事不透，有的人则是像监河侯一样借口敷衍。

假借髑髅抨击乱世

庄子之楚，见空髑髅^①，髐然有形^②，撽以马捶^③，因而问之，曰："夫子贪生失理，而为此乎？将子有亡国之事^④，斧钺之诛^⑤，而为此乎？将子有不善之行，愧遗父母妻子之丑^⑥，而为此乎？将子有冻馁之患^⑦，而为此乎？将子之春秋^⑧，故及此乎？"

于是语卒，援髑髅枕而卧。夜半，髑髅见梦曰^⑨："子之谈者似辩士。视子所言，皆生人之累也^⑩，死则无此矣。子欲闻死之说乎？"

庄子曰："然。"

髑髅曰："死，无君于上，无臣于下，亦无四时之事，从然以天地为春秋^⑪，虽南面王乐^⑫，不能过也。"

庄子不信，曰："吾使司命复生子形^⑬，为子骨肉肌肤，反子父母妻子、闾里、知识^⑭，子欲之乎？"

髑髅深矉蹙頞^⑮，曰："吾安能弃南面王乐，而复为人间之劳乎？"

（节选自《至乐》）

【注释】

①髑髅（dú lóu）：即骷髅，死人的头骨。

②髐（xiāo）然：空洞干枯的样子。　有形：指具有头颅的
　　形状。

③撽（qiào）：敲击。　马捶（chuí）：马鞭。

④将：犹"抑"，还是。

⑤钺（yuè）：古代兵器，大斧，青铜制。

⑥遗：留给。

⑦馁（něi）：饥饿。

⑧春秋：指年纪。

⑨见梦：即"现梦"。

⑩累：负担。

⑪从（zòng）然：自由放纵的样子。

⑫南面王：古代帝王的座位面向正南，所以称居王位为"南
　　面"。

⑬司命：古人心中掌管人们寿夭的神。

⑭知识：指朋友，相知相识的人。

⑮深矉蹙頞（è）：深深地皱紧眉头蹙着额头。矉，同"颦"，
　　皱眉头。頞，同"额"。

【译文】

　　庄子到楚国去，看见一颗骷髅头，枯骨突露呈现出原
形，庄子用马鞭敲了敲，于是问骷髅头说："先生是由于贪
财悖理，而落到这般境地的呢，还是由于国亡家破，遭到刀
杀斧砍而落到这般境地的呢？或是由于有了不善的行为，深
怕给亲人留下耻辱，羞愧之下，而如此的吧？您是缺吃少
穿，受冻挨饿而落得如此的了，还是您的年寿到了，而自然
如此的呢？"

　　说完了，就把骷髅头搬来枕在头下睡了。半夜里，骷髅

头给庄子托梦说：“白天您谈起那一套真像个能言善辩的人。看您说的那些事情，全是活人所遭受的牵累，死后就没有这些了。您愿意听我谈谈死后的情况吗？”

庄子说：“好吧！”

骷髅头说：“死了，上面没有君王，下面没有臣仆，也没有一年四季劳苦忧患，悠然自得，与天地共长久，即使南面称王的快乐，也无以超过。”

庄子不相信，说：“我叫司命之神再归还您的形体，让您重新长上筋骨皮肉，把您的父母妻儿、邻里朋友等都送还给您，这样您愿意吗？”

骷髅头紧皱眉头，哭丧着脸说：“我怎肯放弃这君王般的快乐，而再去忍受人间的痛苦呢？”

※ 扩展阅读 ※

郑之神巫相壶子林①，见其征②，告列子。列子行泣报壶子，壶子持以天壤③，名实不入④，机发于踵⑤，壶子之视死生亦齐矣⑥。

（《淮南子·精神训》）

【注释】

①壶子林：壶丘子，名林。战国时期郑国人，列子的老师。

②征：征兆，此处指凶兆。

③持：据，主张某种说法。　天壤：原注作"言精神天之有
也，形骸地之有也。死自归其本。故曰持天壤矣。"

④名实不入：原注作"名，爵呈之名。实，币帛货财之实。
不入者，心不恤（爱惜）也。"

⑤机发于踵（zhǒng）：原注作"机（发），喻疾也。谓命危
殆，不旋踵而至，犹不恐惧。"

⑥齐：相同。

【译文】

　　郑国的神巫给壶子林看相，看到了壶子林脸上显示的凶
兆，并将此事告诉了列子。列子哭着前去报告老师壶子林。
谁知壶子林却向列子谈起人之生命起源于天地复归于自然的
道理来，人不应计较名利，死亡的威胁就像机弩被脚踏动一
样猝不及防，害怕也是无济于事的。壶子林把生死看得完全
一样。

点　评

　　庄子设计出自己和骷髅的一番关于生死问题的讨论，这和孔
子以"未知生，焉知死"（《论语·先进》）的态度回避和拒绝与
学生讨论生死问题的做法，不仅表现出文化思想上的重大差异，
而且形成了哀乐态度上的强烈对比。

　　不过，不要以为骷髅的那番关于死后摆脱"生人之累"的议
论就是在宣传恶生乐死的哲学，简单地把它看作是一种悲观厌世

的思想。深一层地看，那种"亡国之事""斧钺之诛""冻馁之患"岂不正是反映了战国时代人民普遍遭逢的灾难？而制造这种灾难的，岂不正是那些奢求无厌、不恤民生疾苦的统治者？庄子用一种诙谐的态度和荒诞的手法将一个沉重的话题娓娓道来。

我们以何种态度去对待生命，这是一个令人十分困扰的终极问题，壶子林给出了自己的答案——生亦何哀，死亦何苦，他将生死同等看待。不是所有人都能做到这份洒脱，但我们可以做到的是尽量充实自己的生命，"人生如逆旅，我亦是行人"，当我们回首此生时，不会因为有太多的悔恨而遗憾，那时，也许便真的能够理解人生的意义了。